模型理论 7

——九衍时空镜转

孙国生　著

山西出版传媒集团
山西人民出版社

图书在版编目（CIP）数据

模型理论 . 7, 九衍时空镜转 / 孙国生著 . — 太原：
山西人民出版社，2021.11

ISBN 978-7-203-11912-8

Ⅰ.①模⋯ Ⅱ.①孙⋯ Ⅲ.①股票投资—经济模型—
经济理论 Ⅳ.① F830.91

中国版本图书馆 CIP 数据核字 (2021) 第 173034 号

模型理论 7：九衍时空镜转

著　　者：孙国生
责任编辑：秦继华
复　　审：魏美荣
终　　审：贺　权
装帧设计：王　峥

出 版 者：山西出版传媒集团·山西人民出版社
地　　址：太原市建设南路 21 号
邮　　编：030012
发行营销：0351-4922220　4955996　4956039　4922127（传真）
天猫官网：https://sxrmcbs.tmall.com　电话：0351-4922159
E - m a i l：sxskcb@163.com　发行部
　　　　　　sxskcb@126.com　总编室
网　　址：www.sxskcb.com

经 销 者：山西出版传媒集团·山西人民出版社
承 印 厂：廊坊市祥丰印刷有限公司

开　　本：710mm×1000mm　1/16
印　　张：14
字　　数：170 千字
印　　数：1-5000 册
版　　次：2021 年 11 月　第 1 版
印　　次：2021 年 11 月　第 1 次印刷
书　　号：ISBN 978-7-203-11912-8
定　　价：198.00 元

推荐序 1

戴若·顾比

戴若·顾比是国际著名的金融技术分析专家，经常做客 CNBC，被誉为"图表先生"。他是《股票交易》《趋势交易》《股市投资 36 计》的作者。他开发的几种领先的技术分析指标被世界各地很多市场的投资者广泛应用。

"模型理论"系列丛书讲到了数和形两者间的重要区别，它谈到西方的思维更关注数，而东方的思维更关注形。而作为一个西方交易者，我的交易决策却都是建立在交易行为的形态基础之上——形态是市场的实质。市场数据和信息是由数所构成的，但是这些数字反映的是市场参与者的心理行为。市场真的不是由数字构成的，而是由人构成的，数字只不过是行为的记录而已。对于金融市场中的投资者和交易者来说，关键是要理解人的行为。

然而数字运算可以用来追踪和理解群体的行为，这是当前市场模型理论的基本组成部分。我们都听过应用于大众市场的"大数据"这个词，但是几个世纪以来，大数据已然成为金融市场技术分析和图表分析的基础了。早期由日本米商所创设的 K 线图捕捉的是人类情感在价格活动中的极值和行为。他们观察市场行为的综合表现（大数据）并以此来了解市场参与者的行为，而这正是理解市场参与者潜在的未来行为的第一步。

现代思维扩展了我们对市场和经济模型的理解，"模型理论"系列丛书对此做了生动的描述，该书把卡尔·马克思、亚当·斯密到凯恩斯这些经济模型大师的成果进行了调查和汇总。因为在经历了 2008 年的全球金融危机之后，金融市场的操作已然发生了改变，所以这套书问世的时间很令人关注，此时亟须一种对新模型的理解和发展，以更好地理解和解释新的市场行为。随着衍生交易工具的发展，市场行为也日趋复杂，所以个体和市场之间的关联被扭曲了。满足供求关系的结果也发生了变化。我们需要发展新的模型来理解这个新的市场状况。这套书在这方面迈出了重要的一步。

推荐序 2

杰瑞米·杜·普莱西斯

杰瑞米·杜·普莱西斯，《点数图指南》的作者。

我第一次见到孙先生是在 2016 年 6 月，在他举办的博股国际投资论坛现场。我很快意识到，他是一位受人尊敬的股市预测派大师，在中国甚至海外有着数量庞大的追随者。他在知名机构以及大学里给上万人培训过市场分析的艺术，同时他用这本书中阐述的技术知识，精准预测了上证指数的转折点。

这本书中所阐述的关于中国股市的理论，我还是第一次看到，所以模型理论对那些在市场中交易和投资的人们来说是意义重大的。当我阅读孙先生的《模型理论》时，对他书中概念的兴趣不断加深。我是技术分析者，所以我相信图表的力量，但是《模型理论》开拓了我的视野，原因在于它是使用数学公式和逻辑规则进行预测的。

现有的大多数理论是定量或者定性的，而《模型理论》做出的所有预测，既有对基于数学公式的历史数据做定量分析，也有基于图形形态的定性分析——孙先生称之为时空预测。《模型理论》中没有含糊其词的表述，有的都是高低点的精准测算。

但我只是简单描述了这个开创性的课题。如果你想了解更多，或者想从《模型理论》中获利，唯一的途径就是翻开它，开始阅读这本很棒的书。选它，你不会后悔。

推荐序 3

拉瑞·威廉姆斯

拉瑞·威廉姆斯是威廉指标（W&R）的创始人，也是当今美国著名的期货交易员、作家、专栏编辑和资产管理经纪人。他曾获得罗宾斯杯期货交易冠军赛的总冠军——在不到 12 个月的时间里使 1 万美金变成了 110 万美金。拉瑞·威廉姆斯就职于美国国家期货协会理事会，并曾在蒙大拿州两次竞选国会议员。在过去的 25 年里，他是始终被公众追随的优秀投资顾问之一，曾多次被《巴伦斯》《华尔街日报》《福布斯》《财富》专访。著有《未来的繁荣时光》《短线交易秘诀》等书籍。

这本书以全新而独特的视角，告诉你如何成为一名成功的交易者，我的好友孙先生将使你开拓思维，展开新思想，巩固旧知识，帮助你成为更优秀的交易者。有些书涉猎即可，而此书将让你百看不厌。

别着急！先看序，再学习

孙国生

    当您即将阅读本书的时候，我强烈建议您先看完了我的序再开始，否则就像系扣子，一开始就错了，而你还坚持到最后才发现。实际上读一本书更是这样，不要在好奇心的驱使下"鲸吞"这本书，看完才发现不是你的菜，鞋不合脚。鞋合不合脚需要知道鞋的结构和尺码，人和人之间的区别往往是认知的不同，人们虽然喜新厌故、喜慧厌拙，但对于未知的事物还是过于草率，根据经验和主观判断做出评价。我衷心希望此书能让你清俗肠，醒倦眼。为了高效率地阅读，先弄懂这几个问题: 模型理论是什么，不是什么? 模型理论能学什么，不学什么? 模型理论该用什么，不用什么?

《模型理论》是什么，不是什么?

    7年前我开始萌发写《模型理论》的想法，当时是对于阅读股票书存在一些困惑。本人虽不至嗜书如命，也是日不绝书，坚信人的智慧大都来自前人的积累，没有人是完全的独创，悟者比我多读两本书而已。在这种心理作用下，我大量阅读中外投资经典，从开始的如饮神浆聆天乐，到最后的如吃残食嚼白蜡，要么复杂到没有用，要么简单到不管用，要么大讲投资心灵鸡汤，要么全篇理念冗长，实战百困，时常抱影衔思，忽忽不知所属。最后一总结，道理全懂，方法不通。

    对于一个世界观恒定的人来说，方法论是泥泞路上的踏脚石，汪洋海中的多面帆，虽遇变幻而总能过关。在这样的背景下，我决定将股市多年来的方法论摘其优、汇成集，写一些法外法、声外声、韵外韵，而这些方法里我优选的是预测方面的知识。我认为所有人的所有决策都来自对事物本身的预测，褒贬喜好、弃取存留，无不如此。投资失败不在于看不懂股市的变幻无常，而是在变化发生时，错误决策。当然更多的时候是不做决策，导致不能跟踪趋势发展。错误决策和不做决策都是源于对未来预测的失误，所以我把预测放在首位。我认为股市投资逻辑是分析→预测→决策→交易，因此模型理论是在投资者已经具备技术分析轮廓基础上才可以学习的。当然，预测比分析难得多，分析是对历史的总结，预测是对未来的判断，总结自然要比判断简单一些。

综上所述，可以回答《模型理论》是什么、不是什么了。

《模型理论》是什么？

《模型理论》是时空预测的方法集，是数形分析的逻辑式，是量化交易的基础库。

《模型理论》不是什么？

《模型理论》不是分析工具，不是奇技淫巧，不是传统技术。

从《模型理论》中能学到什么，学不到什么？

在《模型理论》上一次出版后，反馈的评价不一。有的人觉得作者顾盼伟然，技冠群书；有的人觉得微于缕黍，空洞玄虚；有的人阅后认为是丽典新声，采知获秘；有的人阅后顿感獭祭诗书充著作；有的人学后雷转霆鞠，神鹰挲鞲；有的人学后兔起鹘落，仰天笑而冠缨绝……为什么会出现这样的悬殊呢？我觉得这就是读者没有知其然，所以更不知其所以然的结果。读书不求解，如訾食不肥体。阅读不能改善交易行为，那就是尝鲜式阅读，猎奇过后反生悔意。其实，读书如品茶，一次不为佳，往往在两三泡时，才能体会茗香通窍。书籍，尤其是方法类的书籍，更是如此，一读蠲愁，再读释疑，三读去疾，没有这么三次品读，恐难得其精要。

《模型理论》是系列书籍，每一册研究的深度不同、方向不同。第一册重点讲解了台阶模型、独立波模型和四段五点模型，它们都属于空间模型，让我们知道结构背后的价格，价格背后的规律，规律背后的模型，它们一直像一只无形的手，左右着市场的走势。为了增加可读性，渲染精确率，有些案例十分完美，接近于神奇，大盘一个点不差，个股一分钱无缺，但实践中并非每只如此、每次如此。简单的方法都有其局限性，不可能放之四海而皆准，凡是书籍都会找典型，抓样板。你在书籍中能看到的是官渡之战、淝水之战等精彩的以少胜多案例，而大量的以多胜少则不会被作为经典口口相传，因为这是常识。股市的预测也是这样，不要因为几次的精确而震撼，也不要因为偶尔的失误而抓狂，因为接受股市就是接受不完美，股市是科学与艺术的结合，既有必然性，也有偶然性。

综上所述，可以回答《模型理论》能学到什么、学不到什么了。

《模型理论》能学到什么？

《模型理论》能学到结构规律的公式，逻辑推理的过程，反复运算的验证。

《模型理论》学不到什么？

《模型理论》学不到不差分毫的顶底，屡战屡胜的交易，未卜先知的箴言。

《模型理论》该用什么，不该用什么？

我遇见过一些投资者学习了《模型理论》后，就变成了大仙，总喜欢在人前卖弄自己的预测，总是鼓吹某次某时、某底某顶都精确地预测到了，听起来似乎每次他都能抄底卖顶，但实际上把精力都用到了预测上，操作时却一塌糊涂；还有一些投资者用《模型理论》的方法做过几次漂亮的波段，就觉得天下无敌，不管趋势的方向，博取得不偿失的微利，实难称为智者。就在前几日，一位老者告诉我，只要有3%的波动他都会操作，还说今年都赚了3倍了，我听后说了一句话："你比我强，你这样能持续吗？"

我不希望读者学完《模型理论》后变得更贪婪，更不自知。学习《模型理论》是为追求理性的交易，你学《模型理论》愈久就会愈理性，不在疯狂时欢喜，不在绝望时沮丧。要随着对模型理论进行深入了解，多方求证，学积而备于前，智浚而行于捷，也就是提前准备，行动迅捷，没有提前准备就不能防患于未然，没有行动迅捷就是空学误己。

综上所述，可以回答《模型理论》该用什么、不该用什么了。

《模型理论》该用什么？

《模型理论》该用公式而计算，该用计算而验证，该用验证而交易。

《模型理论》不该用什么？

《模型理论》不该用来当大仙，不该用来反趋势，不该用来博微利。

最后的最后

世间之法有先易后难和先难后易，重点不是开始而是结果，先易后难的结果往往是越来越难，先难后易的结果是越来越易。《模型理论》中的方法就属于先难后易的方法，喜欢《模型理论》者多为重视结果者，艰难的开始，曲折的过程，都是为了美好的结果。世间没有万能药、千灵丹，只有百宝箱，一把钥匙开一把锁，一个方法解一处难，只有把百宝箱都备满了，才能应付各种跌宕起伏。《模型理论》中不仅仅是操作模型，更多的是预测模型，当大家去学习这些预测方法的时候，一定要知道预测的三个规律，第一，预测难免失误，你必须接受这一点，预测没有那么简单，否则你就不会一直学习了，股票市场是受多重因素影响的，所以预测失误也总是会发生；第二，不是精准而是接近，预测时需要精准，但是市场验证的时候，接近就可以了，没有人能准确无误地预测每一次涨跌，预测是推断市场的各种可能性的方法，所有的抉择都是一种预测；第三，指数预测会比个股预测要可靠一些，在股票市场个股走势更容易被操纵，而指数相对而言更稳定，无论采取哪一种预测方法，指数预测的可靠性要大于个股预测的可靠性。所谓的预测都是基于大量的数据统计和客观走势规律来的，都是一种概率游戏。随着科技的进步，这种概率也会提升，也就是"大数据"的概念，所谓的智能也不过是基于某个模型的预测，我们应该秉持好奇和质疑的态度，不断将其完善，而不是迷信和守旧。

《模型理论》是系列书籍（现已写到第七册），每一册都有不同的市场模型，深度也是逐步加强，需要读者对各种方法灵活运用，在此过程中遇到问题，可以发邮件到模型理论解疑邮箱（moxinglilun@163.com），也可以在"模型理论"公众号上留言。当然，您也可以买一套相关的软件，这样可以省去大量计算的时间。详情可登录中国弘历集团官网了解（http://www.hl1998.com）。让我们以此为开端，探索股市的奥秘，见证模型的神奇。

最后，本书的完成要感谢我的同事孙彬，大部分手稿是由他整理编辑的；要感谢我的爱人蔡静女士，是她不断地鼓励才让我挤出时间来写书；最后的最后，要感谢所有的"模迷"们，是你们的追捧才让《模型理论》一版再版，谢谢你们的支持！

2017 年 2 月 27 日于北京

总序

序

太阳总是东升西落，草木总是春华秋实，万事万物都有规律，对于大多数事物而言，从它诞生起，规律就会一直伴随它直到消亡。

利用星辰的运动规律来预测未来的方法古已有之，而掌握这种方法的人，在东方被称为方士或者术士；在西方被称为占星师。事实上，东西方历史上很多时代都是有类似"钦天监①"的部门的，专门负责研究星辰运动的规律。通俗地讲，钦天监就是中国古代国家天文台，承担观察天象、颁布历法的重任。

地球的自转和公转形成了日和年的循环。自古以来，人们用地球的自转和公转来计算时间（日晷的发明和应用就是典型的例子），形成了时间单位这一概念。进而以 7 日为一周，以 30 日为一月，逐渐形成了时间周期的概念。周期形成之后，很多事物的运动或者人的行为都会依照周期循环发生，这样规律就形成了。

比如我们总是周一至周五工作，周末休息，即使你的工作规律并不是这样，也会受到这条规律的影响。很多人每逢周末会不自觉地放松，减慢生活节奏，即使这一天对他来说是工作日。大家都遵循这种规律，就会形成一种社会环境，这种环境会加深你所受到的影响，最终使大多数人都按照规律生活和工作。例如，每逢周一至周五，北京的某些道路总会堵车，而周末则不会。每逢比较重要的节假日，各个城市的人流量就会增大，等等。这些规律说来简单，但作用却不小，知道了这些规律，你周一之前就

---

① 钦天监是古代制定历法、推算节气、观察天象的官署。

知道会堵车，过节之前就知道人流会增大，这就是预测。俗话说：秀才不出门，便知天下事。掌握了规律，很轻易地就能预测未来会发生什么。而类似这样的规律广泛存在于世界上的每一件事物中，股市也不例外，就像道氏理论中说的那样，历史会不断重演。但是，相比于知道历史会重演，更重要的是要知道历史何时会重演，你能相信股价循环的规律居然会与星体的运行息息相关么？

在本书中，笔者会为大家重点介绍股市中周期循环的规律，以及如何使用这些规律来对股价未来的走势做出预测。

通过对股市的研究，我们可以发现，股价会随着周期的运行而循环往复，但周期循环的规律却不是千篇一律的。短期预测有短周期循环的规律，长期预测有长周期循环的规律，不同的周期有不同的规律，这些规律是股市诞生之初，乃至股市诞生以前就已经形成了的。这些规律就是获利的捷径，就是股市中最大的秘密。

发现规律之后，如何应用这些规律也是一门学问，不同的规律需要有不同的应用方法，这些方法各有优劣，甚至同一规律不同的应用方法，也会有不同的效果，不同的方法适用于不同的情况。当然，一旦读者熟练掌握了这些，获利将不复杂，甚至可以说是轻而易举，这就是时间周期循环的魅力，这就是预测的魅力。

本书中，笔者将为你展现它的魅力，揭开它所隐藏的一切奥秘。如果你真的学懂了书中的知识，那么，预测对你来说将不再是难题。

笔者一直很认同的一句古话就是：书中自有黄金屋。你认为呢？

目　录

　　对于分形的研究一只在进行，它就像是宝藏一样，只要你肯沉下心来，总能挖掘出新的惊喜。

　　对于分形在市场中的应用，有从宏观角度的，也有从微观角度的，但是最近我发现将两者结合是一种全新的思路。

　　分形虽然名字中带有形，然而多数时候我们只是从股市中形态的角度上研究它的性质，而很少从单纯图形性质的角度对其进行研究。

　　今天，让我们补上这一课。

与分式镜转模型不同，衍式镜转模型更加复杂。如果说分式镜转模型的性质更多体现在"形"上，那么衍式镜转模型的性质则更多地体现在"数"上。

这也是另一种意义上的"数形结合"。

衍式镜转模型的奥秘蕴藏在公式之中，然而从本质上来说，在股市里，数与形之间没有绝对的壁垒，数可以来源于形，形也可以演变成数。

衍式镜转模型公式中的奥秘就蕴藏在函数中。

我可以同时给成千上万的人传授知识，但最终掌握这些知识，形成自己的投资体系，还是需要每个人自己来领悟。

所以接下来，让我们来了解投资时应该注意的一些问题吧。

第一卷　分形与三角形

第一章　先宏观后微观的思路

　　宏观分形学这个名词来源于与友人之间的一次交流，当时我们正在探讨时下某只股票走势未来可能的变化，友人试图通过前所未有的超大级别分形来研判市场，而我则试图通过将股票进行分类使分形发挥更大的作用。

　　由于两种思路本质上都是希望能够借助分形以先宏观后微观的角度把握市场变化，所以这些理念和思路被友人戏称为"宏观分形学"。

第一节　像区分树一样区分股票

分形给人的感觉是小巧精致，短短几根 K 线就能发挥种种神奇的作用，K 线形态的变化或者实体的长度都预示着股价的异动，仿佛一个精密的系统。

一直以来，模型理论中对于分形的重视使得我们对股市的研究都停留在微观的角度，采用的更像是微观生物学的研究手法，不断地细分，不断地放大，不断地追究细节，恨不得把分形中的每一根 K 线的影线都研究明白。

这种研究取得了许多成果——新的模型、新的技巧、新的方法。这些成果吸引着我们在这条"微观分形学"的路上不断地深入。

实际上，最近我一直在反思，模型理论中对于分形的研究方向是否使我们的"视野"过于狭窄了。把树叶凑近眼前，固然可以看清叶子上的每一个脉络，但也有可能"一叶障目不见泰山"。沉溺于局部有可能就会忽略整体的变化，而炒股追求的就是获利，获利就在趋势之中，所以要做趋势的追随者。忽视整体的大环境，只关注局部，最好的结果也只能是事倍功半，难有真正的收获。我开始意识到，将对分形的研究集中在微观角度也许并不是一种明智的行为，于是我开始尝试从宏观的角度来解读分形。

想要从宏观的角度来研究分形，首先需要从理解分形的形态开始。

对于分形的形态，我们常以五指做比，伸出的五指恰好与 5 日分形的形态类似，但这种形式只限于 5 日分形，更多的分形其实并不像手指。分形的形态中有主干（中位线），有分支（分形线），有乱枝（分形中中位线与分形线之外的 K 线），既显得整齐规律，又看似杂乱无章，仿佛大自然的神奇造物，所以更多的时候研究者会认为分形的形态像是一棵树。

在我们继续深入讨论关于分形与树的话题之前，请思考下面的问题：

你知道什么是树么？（或者说你能说出树的概念吗？）

你能一眼分辨出眼前的植物是不是树吗？

相信大多数人的标准答案是：我说不清树的概念，但我能一眼看出眼前的是不是树。

正常来说，我们观察一个事物，第一眼首先看到的是整体轮廓，然后才是局部细节。以树为例，就是第一眼先看出这是棵树，然后才通过枝干、花或者叶的形态来分辨这是棵杨树、槐树还是柳树。

进入一片森林，我们能够知道哪些是树、哪些是花、哪些是草，尽管眼前的每一棵树的个体都不一样，但我们知道这些都是树，不会把树当花，也不会把花当树。但判断的依据是什么呢？

在这种关系中，局部细节类似于分形，分形与整体之间的关系有点类似于个股与指数之间的关系。对于指数来说，个股的走势就类似于一个分形，是指数（如果把指数视为一个整体的话）自身的一个组成部分，会反映指数自身的一些情况，但绝对无法代表指数本身。

就好像我们可以通过树叶的形态判断树木的种类，有经验的人还可以通过其颜色和脉络的变化判断当前树木所处的环境与状态，但是这种判断有一定的错误概率，因为局部终究无法代表整体。

同样的道理，股价的走势就好像树本身，而分形就好像是其中的一片树叶，当我们孜孜不倦地通过分形分析研究股价的整体走势时，就好像通过树叶来判断树的状况。但是，在拿起树叶仔细观察之前，为什么不先看一眼树呢？如果这棵树已经枯萎凋零，我们即使在它的树叶上发现了机会，又能有多大的实际意义呢？甚至在分析树木之前，我们应该看一眼整个森林，如果凛冬已至，即便是参天大树，也不会生机勃勃。

所以就像研究树叶一样，在研究分形的时候我们更应该秉持"先大后小，先长后短"的理念。

股票的界门纲目科属种

古往今来，书籍之多浩如烟海，作分类的话，无非"经史子集"四种；植物之多数不胜数，作分类的话，多为"花草树木"。树有很多样子，人有很多样子，股票也有很多样子，与其费时费力一个个研究，何不把它们分分类呢？

就像生物有界门纲目科属种的划分一样，股票也可以划分为不同的种类——当然我们没必要把股票分得多么复杂，这样既不利于我们的研究，也不利于在实战中使用，所以一切还是以简单实用为宗旨。

我们还是用前文中关于森林的比喻，如果把整个市场比作森林的话，那么在这个森林中，哪些股票是花，哪些股票是草，哪些股票是树呢？

我们先来看这三者的特点，首先说草，正所谓"离离原上草，一岁一枯荣"，"草样的股票"就属于那种牛市来时能够从3元涨到30元，等牛市过去又跌回3元的股票，10年后它的股价还在3元左右波动，这就是草的特性——也会开花，也会长大，但是一年一枯荣，永远不会壮大，活了1年的草和活了10年的草差不多大。

而花会在春天绽放，秋冬虽然花朵会凋谢，但是花的枝干却不会凋零，明年还能够在此基础上继续生长。这种类型的股票就是那种随着牛市从 3 元涨到 30 元，但是跌下来的时候只会跌到 4 元左右。虽然也会随着牛熊轮转起起伏伏，但是整体股价会随着时间的积累而缓慢上涨。

树的特点是结实，有底蕴，不止会开花，还会结果。这种果实是什么呢？就是上市公司的名气，比如茅台、腾讯。即使是不炒股的人也都知道这些公司，就好像是树一样，花、草、树放到一起，远远看过去，第一眼看到的绝不是花或者草。所以这种股票本身就是一流的企业，股价虽然会随着牛熊波动，但是整体呈现一种蒸蒸日上的状态，牛市里它涨得多，熊市里它跌得少，股价逐年抬高，这样的股票才具备长期投资的价值。即使是短期投资，这种股票也会比前两种股票更有投资的价值，这样的股票才是最佳的投资目标。

所以炒股的人最忌讳"拈花惹草"。

但是选择树样的股票就一定是对的吗？

股市里没有对错，只有趋势。

第二节　趋势的重要性

都说投资两大失败就是"炒房炒成房东，炒股炒成股东"，此刻翻开这本书的，有多少人至今还是"四川长虹"的股东？

人会随着年龄的增长而细胞的活力逐渐降低，基因也开始出现错误的表达，并且逐渐积累；树木不会如此，但树木的确是会死的。

在我们的生活中，有许许多多的树木，既有历经千年仍生机勃勃的，也有短短几年就枯萎的，但是终究是常青的少，早枯的多。

前两天在网上看到一篇论文，研究树的寿命是否存在极限。在文末总结时作者提到，有些树木理论上可以活很久，但是很早就枯萎了。自然界中没有公平，只有运气。

股市中的规律也是类似，在股市中没有对错，只有趋势。股市是一个概率组成的市场，永远没有绝对，我们的预测不一定正确，我们的操作不一定获利，再十拿九稳的情况都可能会有意外。

获利就在趋势之中，投资者只能选择永远追随趋势。在趋势没有转变之前，没有任何办法能够知道它持续的时间，我们永远不知道趋势什么时候来，也永远不知道什么时候会转变，但我们知道，唯有追随趋势才能获利。

长虹电器名头不小，其公司底蕴深厚，业绩喜人，但这一切都不能阻挡四川长虹的股价自 2015 年 6 月开始从 15 元跌到 3 元，至今其股价还在这一区间徘徊。

四川长虹明显属于"树一样的股票"，但选择这样的股票也可能会成为许多投资者不堪回首的惨痛回忆。

股市中没有对错，只有趋势，所以就算选到了树也不一定能够获得收益。

之所以对分形的研究要从宏观开始，就是希望研究者能够首先对趋势有一个分析和判断，这就像是季节的变化，寒冬之下自然万物凋零，时来运转枯木也能逢春。

了解趋势是从宏观角度分析市场的第一步，如果能够从中发现机会，就可以更进一步，选择合适的股票。

"花、草、树"的小秘密

接下来的内容，我们将分三个课题详细为大家介绍花、草、树的性质，以及如何利用这些性质来为自己的投资提供便利。

课题一：如何选择最适合自己的"树"

前文中提到，综合来看，最适合作为投资目标的股票是那种"树样的股票"，虽然内在很复杂，但是这种股票应该是不用什么技巧就能选出来的，毕竟声名在外，连不炒股的都听过它们的名字。

但是找到一棵树容易，挑选一棵适合自己的树却是一门学问了。

首先需要考虑的因素是这棵树你要能爬上去。找来找去，找到一颗果实累累、生机勃勃的树，结果是棵椰子树，太高了爬不上去（股价太高了不敢买入，或者可以预见短期之内股价缺乏上涨的空间），这样前面的众多分析就浪费了。

第二需要考虑的因素是能不能买到。因为树大招风，你也知道它好，我也知道它好，大家都抢着买，这种股票就算能买到，获利的空间也不大了，更何况大多数情况下还是买不到的。

第三需要考虑这棵树的根系是否发达。这家公司最好有一个稳定的主营业务作为主根，同时拥有许多其他业务作为分支根系。比如腾讯的主营业务就是网络社交软件，而其分支业务涉及游戏、影音等多个方面。所以树木要挑选果实多的，根系发达的。

当然以上三点都是站在一个长期投资者的角度来分析的，实际上"树样的股票"也最适合做长期投资，那么中短期的投资思路我将结合"花样的股票"和"草样的股票"的操作和选取思路为大家介绍。

课题二：采花的艺术

正如前文中所说的，我们接下来讨论的课题是如何在股市中做一个擅长采花的"雅贼"。

"花样的股票"其性质是会随着牛熊轮转而盛开凋零，长期来看会在原有的基础上有所增长。但是养了10年的月季花也长不成树，所以对于"花样的股票"来说，最重要的不是像树样的股票那样长期持有，而是要把握好"采"的时机。

正所谓"有花堪折直须折，莫待无花空折枝"，采花要趁艳！什么样的花开得最艳？不是含苞待放，也不是叶落花凋，而是花开烂漫。也就是要等到股价上涨了一波之后，选择结束调整或者横盘走势的机会介入，把握一波利润之后果断离场，就如踏月采花，飘然而去，潇洒利落，这也是中短期的投资思路。

课题三：在草地上就要"随风起舞"

花的话题暂且告一段落，下面我们来讨论一下草的课题。

如果说对花我们是"采"，对草我们一般就是"踩"了。

因为是踩草，所以最重要的是踏准节奏。对于"草样的股票"来说，我们必须要考虑的一个因素就是除了枯荣之间的变化之外，草还会受到节奏的影响，这种节奏就像是风一样。

风吹草低见牛羊，风一来，草就会倒伏，风一过，草又会马上立起来。在花、草、树三者中，草受到风的影响是最大的，风吹过的时候，草会倒伏，花可能会被吹掉几片花瓣，树的叶子可能会摇晃几下。

实际上股票也是这样，当大盘在上涨走势中出现调整的时候，不同类型的股票，调整的幅度也是不一样的，树样的股票甚至可能不会调整。

所以对于"草样的股票"来说，踏不好节奏，风来的时候不知道躲，就会"倒伏"，遭受较大幅度的亏损。但是凡有一弊，必有一利，"草样的股票"价格受到节奏的影响时变动幅度最大，这也就是意味着踏好了节奏，就能更容易获得相当大的收益，所以此类股票也是打短差的最佳选择。

相应的，对于"花样的股票"来说，踏不好节奏，可能会被风扯掉几片花瓣，遭受小幅的亏损。这种股票对节奏变化的抗性强一些，对于不擅长做高抛低吸的投资者来说，安全性会好一些。但反过来，对于擅长打短差降低成本的投资者，此类股票变动幅度一般，即使踏好了节奏，也只能得到少许收获。

而对于"树样的股票"来说，即使踏不好节奏也不会有太大影响。因为当风吹来的时候，也就听个响，这种股票甚至不会出现调整，只是上涨的速度有所降低，这种股票的安全性无疑是最佳的。但是这种股票受到节奏影响时的变动幅度最小，也就意味着，即使踏好了节奏也不一定能有收获。

在本章中，我们用花、草、树来比喻股市中的三类股票。这里需要强调的是，并非树样的股票就只适合做长线，花样的股票只能做中线，短线投资者就一定要选择草样的股票。在不同的时期、不同的市场走势中，这三种类型的股票也会体现出不同的性质，这些性质可能会给投资者带来更多的投资机会，所以投资者没必要给自己设定限制，作茧自缚是不可取的。但综合来看，对于大多数投资者来说，树样的股票往往是投资的最佳选择。

在实际操作中，研究者不妨先给自己的股票分分类，选择最适合自己风格和当下行情的股票来进行投资。

第一卷

分形与三角形

小 结

我认为，对股市的研究应该是从宏观到微观的，从宏观的角度研究股市也可以应用到分形。只需要把分形线的级别调大，你就会发现，分形在研究宏观走势时同样能起到非常重要的作用。

我们从宏观上认识了股票的种类之后，就可以拿起"树叶"开始细致入微地观察了。

本书的主题是九衍时空镜转，这种神奇的"镜转"就需要借助到分形，所以我们最终还是要回到分形。但是我希望能够通过本章的内容，让大家真正放开眼界，一方面深入研究分形，另一方面不要拘泥于分形。

分形与股价的关系就好像是叶与树的关系，我们可以一叶知秋，通过树叶判断树的情况，但与其费时费力地研究树叶，得到不一定准确的结果，为何不在拿起树叶之前看一眼森林呢？从一棵更容易获利的树上取下一片树叶仔细研究，收获才会更多，也更加容易，不是吗？

第二章　分形轮廓模型

　　第一章虽然名为宏观分形学，但实际上其中涉及的分形内容并不多，更多是启发一种全新的思路，介绍一种宏观的理念，是为了从宏观的角度应用分形做一个铺垫。

　　目前将分形应用于宏观角度分析市场的思路有两种，一种是建立超大级别的分形，另一种则是将K线的级别调高。最终的结果证明，两种思路殊途同归，都得到了同一个结果——分形轮廓模型。

第一节　神奇的三角形

如果我想知道水面下的石头是什么样子,有什么好办法?

你当然可以选择把手伸进水里摸一摸,或者干脆把石头拿出来仔细端详,但最省力的方法莫过于等待"水落石出"了。

——导读

从最开始研究分形时,先行者们就注意到了分形的形态,到如今对于分形形态的研究几乎贯穿了整个股市分形学。

一次很偶然的机会,我在用分形的对称与不对称对股价的走势做出判断时,忽然萌生了为分形画一个轮廓的想法。

绘制图形轮廓的宗旨是首先要连接图形的顶点,在每一个上分形中都会有两个低点和一个高点,而在每个下分形中也会有两个高点和一个低点,也就是说,无论上分形还是下分形都只有三个顶点,并且由于这三个顶点中高点与低点是间隔存在的,所以这三个顶点永远不可能连成一线,也就是说,连接分形的三个顶点,必定会得到一个三角形。

以简单的 5 日上分形为例,如下图所示:

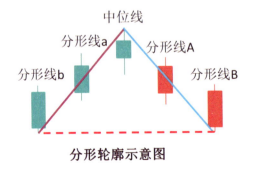

分形轮廓示意图

图 2.1.A　分形轮廓示意图

标准的 5 日上分形中一共包含 5 根 K 线，分别是 1 根中位线和 4 根分形线，我们根据分形线的位置将分形线标记为分形线 a、分形线 A、分形线 b 和分形线 B（如上图所示）。

其中，中位线的高点以及分形线 b 和分形线 B 的低点分别是 5 日上分形中的 3 个顶点，连接这 3 个顶点可以得到一个三角形，图中粉色线条为上涨走势示意图，蓝色线条为下跌走势示意图，红色虚线是连接分形线 b 和分形线 B 的低点的一条线段。

由于分形具有时间和空间上的对称性，所以我们可以认为，标准的 5 日上分形中，分形线 b 和分形线 B 的低点是相等的，则图中红色虚线是一条水平线。

因为是标准上分形，所以我们可以认为，图中代表上涨走势的粉色线条和代表下跌走势的蓝色线条，与水平线之间的夹角为 45 度（其原因稍后会详细说明），并且两根线条长度相等。

那么我们得到的标准 5 日上分形的轮廓就是一个等腰直角三角形。

但是在实际的走势中，股价的走势却很少会出现这种标准的分形，分形线之间可能会掺杂着其他不符合分形线条件的 K 线，造成时间上的不对称，或者相对应的分形线价格的不同，造成空间上的不对称。

如果要消除这种不对称，我们不妨试试从宏观的角度来进行分析。

宏观分析的意义就是通过放大观测的级别，使小级别的影响因素互相抵消，从而使得长期的规律浮现出来。

这是一个犹如水落石出般自然而然的过程。有时候规律的发现很简单，我们需要做的仅仅是换一个视角。

比如，在图 2.1.A 中我们选取的是 5 日上分形来绘制分形轮廓，因为只有 5 根 K 线，时间和空间上都受到了限制（时间上只有 5 个交易日，空间上最大波动幅度为 30%），所以特别容易受到各种因素的影响，随便在分形线中掺杂一根不符合分形线条件的 K 线都会使分形的对称性受到极大的影响。

但是如果我们把分形级别放大呢？如果我们选择 50 日上分形作为绘制分形轮廓的基础，那么它还会受到某一根或几根 K 线的严重影响吗？

如果仍然会，那么我们选择 100 日上分形作为绘制分形轮廓的基础又会如何呢？

以上证指数为例，我们尝试逐步建立超大级别分形并绘制分形轮廓。

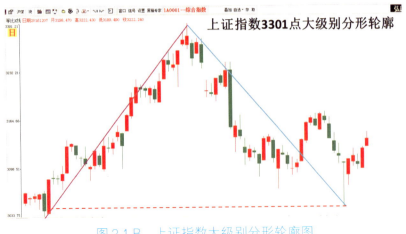

图 2.1.B　上证指数大级别分形轮廓图

图 2.1.B 是 1A0001——上证指数从 2016 年 10 月 11 日到 2017 年 1 月 23 日的日 K 线走势图，图中走势为以 2016 年 11 月 29 日 3301.21 点所在 K 线为中位线建立的上分形所绘制的分形轮廓。

当然实际走势不可能像理想化的标准模型那么规律，所以略微进行了分形时空两方面对称性的修正（时间修正，上图中中位线左侧最低点出现在第 11 根分形线处，而右侧最低点出现在第

9 根分形线处；空间修正，图中左侧最低点为 3033 点，右侧最低点为 3044 点，红色虚线为过 3044 点的一条水平线）。

可以看到，图中上涨和下跌的走势几乎是完全对称的，根据走势修正后的分形轮廓趋近于一个等腰三角形。图中粉色线条代表上涨走势，蓝色线条代表下跌走势，红色虚线为连接低点的水平线。

在足够长的上涨走势中，我们可以认为粉色线条与水平线之间的夹角是 45 度，越从宏观的视角来看，走势运行角度就会越接近 45 度（在实际中，这一性质在上涨走势中体现得尤为明显，这大概是因为上涨走势大都是人为的，而下跌走势多是无人参与的原因）。

在有些情况下，走势可能会形成一个弧形，但连接高低点形成的直线与水平线的夹角会越来越接近 45 度。

为什么是 45 度角呢？

因为这个角度是最健康的上涨模式。在江恩的理论中就有非常多的关于 45 度角的研究，早在半个多世纪以前，这位擅长用图形分析股市的大师就已经意识到了这一角度的重要性，不能不说是一个创举。

并且 45 度角的角度线在其他方面还有着相当多的作用，在后文中我们还会涉及。

根据几何学知识，如果一个等腰三角形两个角都为 45 度的话，我们可以知道，这一定是一个等腰直角三角形，那么我们就可以通过分形轮廓将等腰直角三角形的性质应用于股市。

接下来我们需要考虑的是，这种情况是否是一个巧合呢？这种规律在股市中是一直存在的还是一种短期的现象？或者我们继续放大周期，这种规律是会越发明显，还是会越来越不明显呢？

让我们沿着上证指数的轨迹向前推进，寻找一个更大级别的上分形作为绘制轮廓的基础。

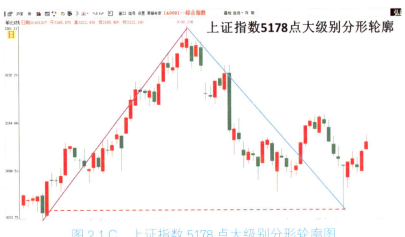

图 2.1.C　上证指数 5178 点大级别分形轮廓图

　　如图 2.1.C 是 1A0001——上证指数从 2015 年 1 月 30 日到 10 月 21 日的日 K 线走势图，图中走势是以 2015 年 6 月 12 日 5178.19 点所在 K 线为中位线建立的上分形所绘制的分形轮廓，根据实际走势进行时间与空间上的对称性修正后的结果（所以图中右侧下跌走势连接的低点不是图中最低点 2850 点，而是反弹起点 3021 点。因为两个低点的点位非常接近，所以本次修正主要是时间上的修正），其分形级别因为时空修正的原因不好精确界定，约为 20 日，红色虚线为过 3021 点的一条水平线。

　　可以看到，分形轮廓中上涨和下跌的走势具有相当的对称性，其轮廓是一个等腰三角形。图中粉色线条代表上涨走势，蓝色线条代表下跌走势，红色虚线为连接低点的水平线。

　　图中还可以看到，中位线左侧上涨的走势中，实际的走势非常接近 45 度角的角度线，如果根据走势做出管道线的话，几乎和图中粉色线条平行。

　　并且在纵横比不变的前提下，随着周期的放大，这种规律不但没有消失，反而更加明显。如果我们继续放大周期，会发现指数的运行越来越规律化。

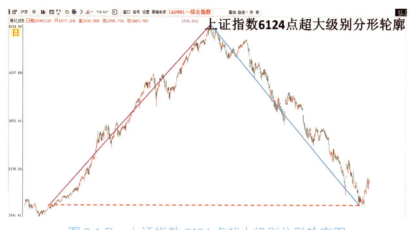

上证指数6124点超大级别分形轮廓

图 2.1.D　上证指数 6124 点超大级别分形轮廓图

图 2.1.D 是 1A0001——上证指数从 2006 年 10 月到 2008 年 11 月的日 K 线走势图，图中走势是以 2007 年 10 月 16 日 6124.04 点所在 K 线为中位线建立的上分形绘制的分形轮廓，根据实际走势进行时间与空间上的对称性修正后的结果（所以图中左侧上涨走势选取的低点不是图中最低点 1541 点，而是与右侧最低点 1664.92 最接近的 1653.01 点，图中红色虚线为过 1664 点的水平线）。可以看到，在本案例中除了在低点的选择上进行修正之外，其余方面几乎不需要修正，股价的走势自然而然就形成了类似于等腰直角三角形的轮廓。

通过上述案例，我们可以知道，在股市中，随着走势周期的放大，大多数的上涨和下跌最终也会逐渐趋近 45 度，并且上涨和下跌之间会表现出类似于分形的对称性，最终形成的分形轮廓会越来越接近等腰直角三角形。

这一规律是一直且普遍存在的。第一，不是短期内才出现不知道会持续到何时的"伪规律",而是从股市出现之初直到现在都一直存在的规律;第二,这种规律不仅仅存在于上证指数或者某些个股中,而是在所有的个股中普遍存在的。

第二节　三角形的切割

　　有一位学医的朋友曾对我说过:学医数年,对我最大的启发就是当你发现一个问题又不知道如何解决的时候,最好的办法就是在保证整体运转正常的前提下,把出现问题的部分切掉。

——导读

　　在为大家介绍轮廓切割的概念之前,让我们先开一下"历史的倒车",回到上一节中的案例图 2.1.C,我在形容这一段走势的时候提到"分形轮廓中上涨和下跌的走势具有相当的对称性",这种相当的对称性就意味着实际的走势中还是有不对称的地方。如下图所示:

图 2.2.A　上证指数分形轮廓时空对称性分析图

上图中左侧的紫色虚线是以分形轮廓中高点到低点的距离为边长的正方形，将代表上涨走势的粉色线条起点与正方形的一个内角顶点重合，会发现上涨走势的终点正好与正方形内部斜对的另一个内角的顶点重合（如图所示），因为图中正方形底边与水平线重合，可知图中粉色线条为标准的45度角角度线。

建立一个与图中紫色虚线正方形相同的正方形（如图中红色虚线正方形），同样正方形底边与水平线重合。将代表下跌走势的蓝色线条起点与正方形的一个内角顶点重合，可以看到，图中蓝色线条走势的终点并未与红色虚线正方形内部斜对的另一个内角顶点重合，这种上涨与下跌的不对称性可见一斑。

需要强调的是，这种不对称性并不是个例，而是一种普遍现象。前文中就曾提到上涨走势更加趋向于45度，而下跌走势会稍差一点。这种普遍性的差距严重影响了分形对称性的规律在股市中的应用，为了解决这一问题，才诞生了轮廓切割的方法。

分形轮廓切割的方法如下图所示：

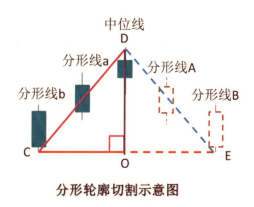

分形轮廓切割示意图

图 2.2.B　分形轮廓切割示意图

图中以5日上分形为例，过中位线最高点 D 作一条垂线（如图中紫色线条）与连接低点的平行线呈90度角相交（图中粉色直角转折为直角符号），设交点为 O。如图所示，设粉色线条与水平线相交点为 C，蓝色线条与水平线相交点为 E，则代表分形轮廓的三角形 CDE 是一个等腰直角三角形。

因为图中代表上涨的粉色线条与水平线之间的夹角是 45 度，图中紫色线条与水平线呈直角相交，那么根据等腰直角三角形的性质，我们可以知道三角形 CDO 也是一个等腰直角三角形。

前文中提到相对于上涨走势，下跌走势更加容易出现不符合 45 度角的角度线走势，所以我们在分形轮廓（即图中三角形 CDE）中将代表下跌走势的部分（如图中虚线标识）都切掉，就得到了上涨走势的轮廓切割模型。

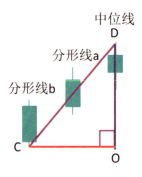

上涨走势轮廓切割模型

图 2.2.C 上涨走势轮廓切割模型示意图

轮廓切割之后可以极大地提高等腰直角三角形在股市中对走势判断的准确度，因为切割之后消除了一半的变量（上涨走势轮廓切割模型中更是消除了比较不符合规律的那一半变量），并且使得等腰直角三角形中两条直角边一个代表时间，一个代表空间，更容易理解，也更容易对走势进行测量。

那么下跌走势就不能建立轮廓切割模型了吗？答案当然是否定的。下跌走势虽然偶尔会出现不符合 45 度角规律的情况，但是从长期来看，下跌走势与水平线之间的交点仍然是 45 度。

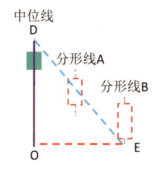

下跌走势轮廓切割模型

图 2.2.D　下跌走势轮廓切割模型示意图

如图所示，这次我们在图 2.2.B 中切掉实线代表的部分，就得到了下跌走势轮廓切割模型的示意图。如图所示，与上涨走势轮廓切割模型一样，下跌走势轮廓切割模型同样是一个等腰直角三角形。

通过轮廓的切割，走势轮廓模型的实质就从简单地用分形轮廓衡量走势变化，变成了用均衡的时间来衡量空间的变化。

这种模型的建立，无疑是为从宏观角度应用分形提供了一种全新的思路。

轮廓切割模型在股市中的实战应用

前文中关于轮廓切割模型的研究仅仅涉及了这种模型的建立，并没有介绍这种模型该如何应用于股市中。

不得不说，轮廓切割模型的应用模式与大多数模型都不同，它更加方便快捷和简单直观。

图 2.2.E 是 1A0001——上证指数从 2012 年 8 月到 2016 年 4 月的日 K 线走势图。图中我们从低点 1849 点作一条与水平线夹角为 45 度的斜线，一旦股价与这条线发生点位接触（注意此处不是走势触碰，而是点位触碰，是指 K 线的最高点或者

最低点正好触碰到 45 度线），则交点与 1849 点之间就形成了一个等腰直角三角形，或者说上涨轮廓切割模型。那么根据分形的时空对称性，我们可以判断此处即是指数的转折点。

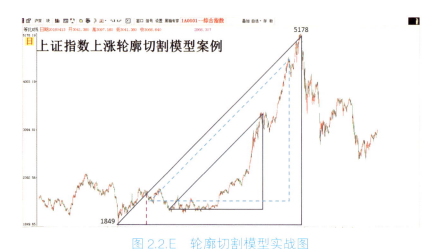

图 2.2.E　轮廓切割模型实战图

如图所示，指数开始上涨之后，在粉色虚线标识处之前的走势中每次触及这条斜线都会发生转折，粉色虚线标识处指数穿过 45 度线，开始上涨。当指数再次与 45 度线发生点位接触时就是 5178 点，随后指数作为头部，牛市结束。

这就是轮廓切割模型在股市中的基础应用模式。在众多的预测方法中，除了"掐指一算"或者"灵机一动"之外，做一个直角三角形恐怕是最简单预测股市中顶底的方式了。方法虽然简单，但是非常有效。因为时间确定之后，价格就能够确定，这就是时空共振的原理。

但是这种看似简单的方法在实际使用中仍然有众多需要注意的地方：

1. 轮廓切割模型最好在点线图上画，画在 K 线图上容易失真（所以后续的案例中，笔者会选择点线图绘制轮廓切割模型）；

2. 轮廓切割模型不仅可以以低点为起点作 45 度线，来预测未来的高点，还可以以高点为起点作 45 度线，预测未来的高点，或者以低点为起点作 45 度线来预测未来的低点；

3. 当点位恰好触碰 45 度线时，可以被认为是时空共振，容易发生变盘。如果变盘点与作为 45 度线起点的高点或者低点相对应，则这一变盘点的级别与作为 45 度线起点的高点或者低点级别相同，或者说同一条 45 度线上的高点和低点的级别是相同的。

具体来说，在本案例中，股价从低点 1849 点开始上涨时，前几次点位触及 45 度线都是出现的低点，所以反弹级别与 1849 点无关。但指数在 5178 点触碰 45 度线时是高点，与作为低点的 1849 点相对应，所以 1849 点是什么级别的低点，5178 点就是什么级别的高点。

在图 2.2.E 中，还有两个等腰直角三角形，分别用前期的次级低点预测到了股价在 5178 点之前的几个次级高点，像这种小的等腰三角形完全处于大的等腰三角形之内的情况被称之为型中型。

接下来需要明确的是选点的原则，因为股价或者指数的运行中总会出现很多的低点和很多的高点，我们不可能根据每一个低点或者高点都建立一个轮廓切割模型，也对那些次级低点或者高点的位置没什么兴趣。如果只想要重要点位的位置，该如何选择 45 度线的起点，才能排除掉大量的无价值预测呢？

其实做到这一点并不难，在前文中提到轮廓切割模型中需要注意的几点中，第三点就提到，同一条 45 度线上的高点和低点的级别是相同的。

同样的道理，想要预测大的头部或者底部，就要从已经确定的走势中找出大的头部或者底部，开始建立轮廓切割模型；反之想要预测小的头部或者底部，就要从已经确定的走势中找出小的头部或者底部，建立轮廓切割模型进行预测。

前文中提到，轮廓切割模型适合建立在点线图上，下面我们来看一下轮廓切割模型在点线图上的使用情况。

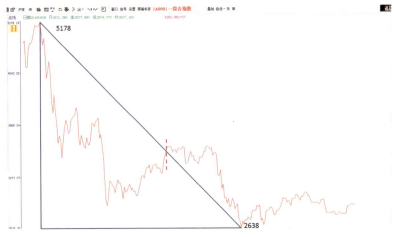

图 2.2.F　　上证指数下跌轮廓切割模型案例图

图 2.2.F 是 1A0001——上证指数从 2015 年 5 月到 2016 年 6 月的点线图。图中以 5178 点为起点作一条 45 度线，建立了下跌轮廓切割模型。

可以看到，在点线图中，指数的转折点位置更加清晰，可以更加容易地判断出点位接触 45 度线的情况。

图中选取的案例是距离笔者落笔时最近的一个大级别转折点轮廓切割模型。当指数从 5178 点开始下跌之后，再次与 45 度线发生点位接触时就是 2638 点。随后指数出现低点，开始启涨。

在实际的走势中，45 度线不仅可以用来判断股价或者指数的转折，同时还是衡量股价强弱的标尺。当股价或者指数在 45 度线以上运行时，代表强势；反之当股价或者指数在 45 度线以下运行时，则代表弱势。

在本案例中，指数从 5178 点开始下跌以来，一直处于 45 度线以下，直到图中粉色虚线标识处突破了 45 度线转为强势。

随后指数发生转折，开始上涨。

所以在实战中使用轮廓切割模型时，如果发现在上涨走势中股价跌破45度线，或者下跌走势中股价突破45度线，都需要格外留意转折的来临。

但需要注意的是，股价或者指数发生转折之前不一定会穿过45度线。

同时在实战中需要留意，当股价或者指数开始贴近45度线时，往往预示着转折将近。

接下来为大家介绍轮廓切割模型中一种非常具有实战价值的小技巧，笔者称之为"域外三角"。

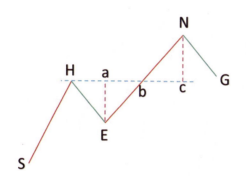

图 2.2.G　域外三角示意图

如图 2.2.G，图中用红色、绿色线条代表股价走势，其中红色代表上涨走势，绿色代表下跌走势，走势的转折点分别为 S、H、E、N、G。

当股价或者走势从低点 S 开始上涨，随后在高点 H 处发生回调，回调至低点 E 处再次起涨时，要如何预测本轮上涨的高点 N 呢？

同样利用等腰直角三角形的性质，以高点 H 为起点，横向连接高点 H 与下一个低点 E，它们之间的距离为 Ha。以此为横向腰作等腰直角三角形 HaE，则股价调整所用的时间 Ha 与将会上涨的距离 HN 应该是相等的，则纵向腰的高度 aE 即是股价突破此高点之后的上涨空间（此处的低点以收盘价为准）。这也是所谓"横有多长，竖有多高"的理念在股市中的一种体现。

一个关乎轮廓切割模型实战价值的问题

轮廓切割模型的建立是"宏观分形学"的一大成果，这一模型通过分形的对称性而画出分形的轮廓，又通过轮廓的切割衍生出时空的对称性，进而通过时间预测空间，或者通过空间预测时间，这种通过图形转换时间与空间的方式是前所未有的。

在模型理论中，就很提倡这种前所未有的创举。然而，所有模型理论的研究者都面临一个问题：前所未有的思路会带来前所未有的方法，但前所未有的方法必然存在前所未有的问题。

轮廓切割模型也不例外，轮廓切割模型在实战中必须要考虑到图片纵横比的问题。

举一个简单的例子，在图 2.2.E 的案例中，我们通过轮廓切

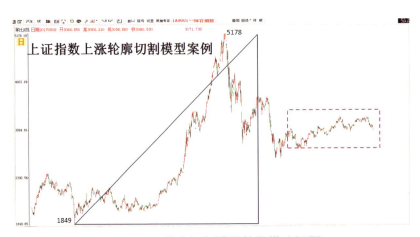

图 2.2.H 轮廓切割模型的纵横比问题

割模型用 1849 点把握到了高点 5178 点。还是一样的点位，还是一样的等腰直角三角形，这次我们在图中多选取一段走势（如图中粉色框线标识处），可以看到，指数的点位没有发生变化，45度线也没有发生变化，但是图中多选取了一段走势之后预测出的结果相差甚远。

这是因为图片的大小没有变，但是图中所包含的"时间（横轴）"变多了，那么"时间"与"空间（纵轴）"的比值（这个比值被称为股价走势图的"纵横比"）就变化了。

这个问题直接关乎轮廓切割模型能否被应用于实战，是一个亟待解决的问题。

想要解决这个问题，说复杂也是非常的复杂，说简单也很简单。复杂性在于影响股价走势图纵横比的因素太多了，绘图时选取的时间长度、单位时间与单位空间在最终图形上所占的空间，这些因素都会影响到最终绘制出的股价走势图纵横比。

如果您是用软件自动绘制走势图，那就更麻烦了，不仅软件的种类，甚至电脑屏幕的规格都会影响到股价走势图的纵横比。

但是想要解决这个问题也很简单，只要把变量排除干净就可以了。

排除变量的方法有三种：

方法一：规定时空比。

简单来说，这种方法的思路在于规定图片的纵横比。比如只在同一台电脑上用同一款软件绘制股价走势图，找出走势图中包含多少根 K 线时 45 度线是准确的。之后就固定走势图中的 K 线数目，以此来达到使用轮廓切割模型的目的。

方法二：统计角度法。

同样是固定好图片的纵横比，但是不再测试多少根 K 线时 45 度角是准确的，而是通过统计前期历次上涨和下跌的角度，得出一条新的角度线。在固定纵横比的情况下，在新的角度线上使用轮廓切割模型。

计算新的角度线斜率的公式为：

斜率＝（最高价－最低价）/（最高价与最低价之间的 K 线数）

公式中的最高价与最低价是前一波完整的上涨或者下跌走势的最高价与最低价。

方法三：**速算法**

这种方法适用于迅速而不精确的计算，即锁定当前的图片纵横比，根据最近一次大幅上涨或下跌的角度，绘制角度线，以此建立轮廓切割模型。

当然这些方法都只能算是临时应急的小技巧，接下来笔者将为你介绍真正能够在股市中解决轮廓切割模型纵横比问题的方法——像素堆积法。

第三节　像素推导出的公式

老话说"书中自有黄金屋，书中自有颜如玉"，在很长一段时间中，文字都是承载人们对世界认知的载体。然而随着科技的发展，这一角色逐渐被屏幕替代，黄金屋、颜如玉都被搬到了屏幕上。我们不需要再用形象或者抽象的文字来描述非洲大草原的自然风光或者仙山云境的瑰丽梦幻，无论是只存在于想象中的事物，抑或是现实中存在的一切，都可以在屏幕上展现得纤毫毕现。

但是你研究过屏幕是如何成像的么？排除掉那些投影式的成像方式不谈，就以电脑或者手机上屏幕的成像方式为例，它们就是通过像素的堆积来完成成像的。

这里需要特别注意的是，关于像素的概念，很多书籍中都有过阐述，但是很多人的理解其实并不正确。实际上像素是指由一个数字序列表示的图像中的最小单位，并不是大家所理解的图像是由一个个小圆点组成的，每一个小圆点都是像素。

这其中具体的细节我们可以不研究，但为了能理解接下来的内容，我们必须要在自己的认识中建立起"像素是一个最小单位"的概念。

在尝试将这种概念引入股市之前，我们首先需要理解股市中的另一个规律——宏观与微观的相似性。

道氏理论认为，历史总是在不断重演，这种重演并非局限于时间，股价走势在空间上的重演同样具有研究价值。

股价走势在时间上的重演很简单，比如 2015 年的牛市和 2007 年的牛市走势之间就有非常多的相似之处。这种不同的时间出现同样或者相似走势的情况，就属于历史在时间上的重演。

历史在空间上的重演也很简单。我曾经做过一个实验：将一张个股的日线走势图和该股的一张包含同样 K 线数目的周线走势图，去掉代表时间、K 线级别和点位的数据之后，拿来给身边研究股市的朋友分辨，结果发现对错各半，和闭着眼睛蒙的结果差不多。

可见单纯从走势的角度讲，股价在周线上的运行方式和在日线上的运行方式没什么不同。更进一步说，股价在日线上出现过的走势在周线上很可能再出现一次，那么这种跨级别的相似就属于历史在空间上的重演。

这种历史在空间上的重演就造成了股市中宏观与微观的相似性。

在 K 线图中最小的单位是 K 线，正如佛家观点中认为的"一花一世界，一叶一菩提"一样，在走势图中，也许每一根 K 线都暗藏乾坤，把一根日线拆成十几根分时线，其运行的方式与规律也许就与最近十几年的年线一模一样。

无论 K 线本身代表的时间多么长、价格跨度多么大，其运行的方式与一分钟的分时线不会有什么不同，这就是股市中宏观与微观相似性的最基础体现。

在模型理论中，这种相似性是非常重要的。因为很多模型本身是依托 K 线建立的，所以这种宏观与微观的相似性也就决定了很多时候我们可以从另一个角度来解读模型。

像素堆积出的三角形

现在让我们回到关于像素的话题，我们可以用像素在屏幕上组合成任何图形，其中当然也包括等腰直角三角形。

前文中我们明确了一个概念——像素是一个最小单位。轮廓切割模型认为，从宏观的角度看，股价的走势最终会与时间轴、空间轴组成一个等腰直角三角形。那么根据宏观与微观的相似性，我们何不尝试用单位最小值建立一个最小的轮廓切割模型，再用这个模型来堆砌宏观走势中的等腰直角三角形呢？

让我们以上涨轮廓模型为例：

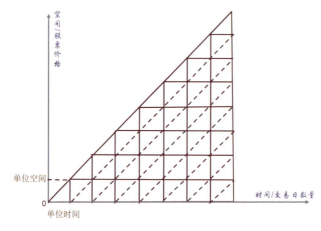

图 2.3.A　"像素"堆积等腰直角三角形

在上图中，我们以股市中的时间（即交易日数量）为横轴，空间（即股票价格）为纵轴建立坐标系，在图中建立一个最小的上涨轮廓切割模型，其两条直角边分别为单位时间和单位空间，我们称之为单位轮廓模型。

在图中可以看到，随着时间的推移和股价的上涨，从宏观角度上，走势与时空轴形成了一个大的等腰直角三角形，而我们可以用这个最小的上涨轮廓切割模型（即单位轮廓模型）堆砌出股价整体走势，最终形成宏观上的等腰直角三角形（如图2.3.A所示），就像像素堆积成图片一样。

那么，根据股价在宏观与微观上的相似性，我们可以认为，单位轮廓模型与股价整体走势最终形成的等腰直角三角形性质相同。

或者我们可以换一个角度理解，股价的宏观走势会无限趋近于45度线。如果我们把某一天的走势转化为极小时间单位上的分时线，根据股价在宏观与微观上的相似性，只要最终K线的数目足够多，那么这一天的走势也会无限趋近于45度线。

有了这样的认知，我们就可以根据单位轮廓模型推导出一个公式，这个公式所得出的结果就与股价走势图中时间与空间的纵横比无关了。因为公式相当于是依托于走势图中的一根K线得出的结果，无论时空纵横比怎么变，一根K线代表的含义是不会变化的。

公式的推导

轮廓切割模型公式的推导是一个相当复杂的过程，因为轮廓切割模型是典型的"形"的规律在股市中的应用，丝毫不涉及"数"的部分。而公式本身就是"数"的体现，想让一个纯粹的"形"转化为"数"，需要对股市中数与形的关系进行灵活地应用。

所以想要按照一般的思路推导出轮廓切割模型的公式，就需要对模型理论中数形结合思想有着非常深刻的理解才行。

因为这一过程很复杂，也很难理解，我们不妨换一个更容易理解的方式，通过逆向推导公式让大家理解公式的含义和形成过程。

轮廓切割模型的公式是：

$$S_N = L + (H-L) \times \sqrt{2} \times G$$

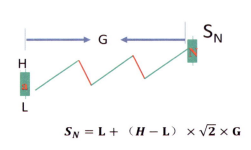

图 2.3.B　轮廓切割模型公式图

公式中 S_N 的下标代表第 N 日共振点位；L 代表单位 K 线 a 的最低价；H 代表单位 K 线 a 的最高价；G 代表第 N 日 K 线（亦被称为"预测日"）与单位 K 线 a 之间的交易日数量（包括第 N 日 K 线和单位 K 线 a），其中单位 K 线 a 即为建立单位轮廓模型的 K 线。

这一公式的意义是：当预测日股价与当日的共振点位 S 发生接触时（注意是接触而非突破或跌破，此处对于突破或跌破的判断采取 3% 原则），即被认为此处发生了时空共振，有转折的风险。

接下来让我们逐一了解公式中每一个组成的含义。

$\sqrt{2}$

$\sqrt{2}$ 是这一公式中唯一的固定值。从实际意义上讲，它并不是一个数值，在这个公式中它代表的是一个比值。因为轮廓切割模型从几何学上讲就是一个等腰直角三角形，所以它的斜边与直角边之间的比值是固定的 $\sqrt{2} : 1$，其值为 $\sqrt{2}$。

$\sqrt{2}$ 在公式中被用于转换斜边与直角边之间的值。

因为在轮廓切割模型中两条直角边一个代表时间，一个代表空间，其单位是交易日和价格，所以两者的数值不能简单按照 $1 : 1$ 的比例转化。

预测日与单位 K 线 a 之间的交易日的数量 G

实际上这个值代表的是以单位 K 线 a 为基础建立的坐标系中预测日位置的时间轴长度，我们可以用预测日与单位 K 线 a 之间的 K 线数目来简单理解这一数值。

因为在 K 线图中每一根 K 线代表的时间都是相同的，所以将一根 K 线视为单位时间是比较稳妥的做法。

单位 K 线 a 的最高价 H 与最低价 L

在推演轮廓切割模型的公式时最重要的一点就是单位 K 线 a 的确立，整个公式就是以单位 K 线 a 为基础建立坐标系推导出来的。其最高价与最低价的差值是单位 K 线 a 的股价波动区间，这一区间在坐标系中被视为单位空间。

那么，在公式中与单位 K 线 a 的股价波动区间之间的乘积即为单位轮廓模型中斜边的长度，单位轮廓模型中的斜边不仅仅代表 45 度线，同时也代表走势，所以这一数值代表股价变化的节奏。节奏与当前时间的乘积就是当前变化的结果，即股价按照 45 度线上涨，此时应该上涨的价格。

因为公式中将 K 线 a 作为坐标系的原点，K 线 a 的空间位置被视为 0，实际上就是忽略了 K 线 a 以下的空间，所以在计算 S 的值时必须要把忽略的部分补回来。这也是公式中 "+L" 这一部分的含义。

那么整个公式的推导过程就是通过单位 K 线 a 建立单位轮廓模型，同时建立坐标系，根据轮廓切割模型的几何性质和股市中"数"的性质，计算单位 K 线第 N 个交易日的时空共振点。

小 结

轮廓切割模型是模型理论中对于分形研究的最新成果，目前来说还处于理论价值大于实战价值的阶段。在本书中为大家介绍这种方法，更多地是让大家了解分形理论在股市中应用的最新进展，为大家提供全新的思路和方向。

轮廓切割模型公式的推导是其从理论价值到实战价值迈进的重要一步，也是最难以攻克的难关，实际上想要提升其实战价值，模型理论中已经有了完备的思路。

首先是关于公式中单位 K 线 a 的确立。单位 K 线 a 最好选择重要的高低点，一般来说，以高点建立下跌轮廓切割模型，低点建立上涨轮廓切割模型为佳。

其次是关于公式本身的优化。我们可以引入一个更精确的数值来取代公式中 H－L 的差值，因为毕竟用一根 K 线的走势预测整个市场的变化，难免有以偏概全之嫌。

这一数值被称为"相数"，与台阶模型的模数一样，这个数值的确定需要做大量的统计和测试。如果详细介绍，可能会让笔者没有足够的篇幅为你介绍这本书中最大的亮点。

在接下来的几本《模型理论》中，笔者会就有关于轮廓切割模型以及"相数"进行更深入的阐释。

第三章　你所不了解的分形

　　分形这个概念笔者在之前几本《模型理论》中谈得很多了，从《模型理论之股市获利阶梯》（模型理论第一册）中的分形概述，到《模型理论之破译趋势基因》（模型理论第三册）中的再涉分形，似乎分形的概念已经被介绍得足够深入和详细，已不需再赘述了。

　　然而真的是如此么？

　　现在很多经济学家和技术分析家都认为，随着金融数学的不断发展，以后分形学可能会全面替代技术分析。

　　分形学将统计学和金融学完美地融合在一起，是一门庞大而复杂的学科。作为这一学科的基础，分形自然不像你我想象中那么简单。

第一节　分形的时代

分形的时代

物理学家惠勒曾经说过："谁不知道熵概念就不能被认为是科学上的文化人。将来谁不知道分形概念，也不能称为有知识。"

也许，用对分形的了解程度来衡量一个人是否具有知识的时代已经近了。

对于投资者来说更是如此。

想要在投资这一行业有所建树，要么出类拔萃，要么运气逆天，要么博学多识。

出类拔萃或许能让你快人一步，但只凭快无法对抗投资市场中的大势；运气逆天或许能让你一夜暴富，但在金融市场上迅速崛起又迅速消失的案例屡见不鲜；唯有博学多识的投资者才能在投资市场中真正获得稳定的收益。博学多识不是简单地说说，这既需要广泛而深入的研究，更需要站在前辈研究者的肩膀上，汲取前辈们的研究成果，闭门造车只会让你离成功越来越远。

股市成功之道，学习和研究缺一不可，学习可以拓宽知识面，获得前人的经验和教训，让自己更容易找到努力的方向，而研究则可以深入发现规律，在前人的基础上更进一步。齐白石老先生说过："学我者生，似我者死。"对投资的研究也是一样，研究投资最忌盲目听信或者偏听偏信，只学习不研究永远不可能成功。基础可以借鉴别人的，但自己的操作系统中一定要有属于自己的东西。什么方法只学个形似，不明白其中内在的规律，不建立在研究的基础上进行学习，只能是"似我者死"了。

具备学习和研究的能力，就成了投资者迈向专业的重要桥梁。

现在很多经济学家和技术分析家都认为，随着金融数学的不断发展，以后分形学可能会全面替代技术分析。所以对于想要在模型理论上深入研究的投资者们来说，对于分形的研究不应该仅止于表面。实际上，分形学将统计学和金融学完美地融合在一起，是一门庞大而复杂的学科。掌握了这门学科，无疑能够让你在博学多才的程度上跨进一大步。

对于先知先觉的投资者来说，当今的投资市场可以说正处于分形的时代。

别说你认识分形

分形的定义有很多种，可以说至今没有准确的言辞可以形象地定义分形，但这并不妨碍我们理解它。

作为投资者，我们只需要深入研究其在股市中所涉及的部分，其余部分涉猎即可。

自数学家本华·曼德博（Benoit B. Mandelbrot）提出分形的概念后，目前被广泛采用的是几何学中对于分形的定义：一个粗糙或零碎的几何形状，可以分成数个部分，且每一部分都（至少近似的）是整体缩小后的形状，即具有自相似的性质。分形具有以非整数维形式填充空间的形态特征。

研究分形，最重要的是自相似性。在股市中，上涨与上涨之间存在相似性，下跌与下跌之间也存在相似性，甚至上涨和下跌之间未尝没有相似性。不得不说，分形的提出让投资者——我们对股市的理解更加容易，也更加深入，分形在很多方面都成了衡量和发现规律的标尺，这也是分形学在股市中应用广泛的原因之一。

分形的四大特点决定了它在股市中具有极高的研究价值。但遗憾的是，很多自诩了解分形的研究者并不清楚这四大特点分别是什么。而我认为，如果不能明确说出分形的四大特点，根本不能称得上认识分形。

接下来，让我们从分形特点的角度重新认识一下它。

分形的第一大特点就是精细的结构。

我在第一章中就曾经提到，一直以来分形给人的感觉就是小巧精致。这种精致就体现在结构的精细上。

在分形中的每一个结构总是能被不断地细分。这一点就好像是股市中的走势一样，可以根据周期的不同，划分为月线、周线、日线以及分时线等，甚至可以不断地细分下去。分形的结构必然是精细的，任何一根 K 线都可以变成分形，每一个分时图都可以变成 K 线，这种形式就是分形在股市中的体现。

分形的第二大特点是不规则性。

分形是不规则的图形，而非传统的几何图形。传统的几何图形是规则图形的代表，而分形在几何中都是不规则的图形，或者说分形实际上就是专门用来研究不规则图形的。

相似性是分形的第三个特点。

分形具有整体和局部的相似性。可能近两个交易日的走势和未来两年的走势会相似，也许过去 5 个月的走势和近 5 个交易日的走势相似。既可能是局部和整体相似，也可能是整体和局部相似。在分形中，整体与局部之间的规律并没有根本性的区别，分形的很多结构都可以既是整体也是局部。

分形的最后一个也是最重要的一个特点，就是它的映射性。

在分形中，每一个大结构都会映射出一个小结构，这是本书要给大家引入新的分形内容中的一大重点，也是一大亮点。

分形的研究与股市中大多数规律的研究都不相同，对股市的研究大都是为了把握其规律性，对分形的研究则恰恰相反，重点在于研究其不规则性。

这是一个看似矛盾的观点，既然都说是"不规则性"了，没有规则又该如何研究呢？

不规则不代表没有规律，至于不规则的分形为什么会产生规律，就要从分形不规则性的产生原因说起了。

第二节　拼接走势的"原料"

分形的这种不规则性的产生是因为叠加和重影。

很多时候，分形的性质其实就是股价的性质。在股价的走势中也会存在很多的"定式"，股价的整个走势似乎就是由这些"定式"拼接而成的。

在模型理论中，我们很早就开始了对股价走势中"定式"的研究，你是否还记得"涨多跌少模型""涨少跌多模型""跌多涨少模型""跌少涨多模型"这四个老朋友？

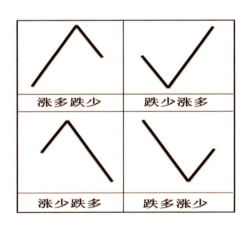

图 3.2.A　股价走势的四种"定式"图

实际上，这四种模型就是股价走势中常见的四种"定式"，而股价的走势正是由这些"定式"拼接而成的。但是这种"定式"的拼接并不是简单地直接拼接，而是有叠加地拼接。

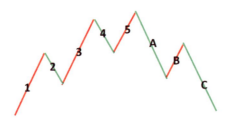

图 3.2.B　波浪理论浪形图

以最简单的波浪理论浪形图为例，上涨五浪 1、2、3、4、5 与下跌三浪 A、B、C 之间，其实也是由几种简单的"定式"拼接而成的。比如图 3.2.B 中，上涨浪 1 与 2 就是一个涨多跌少的定式，3 与 4 也是如此，而 2 与 3 就是一个跌少涨多的定式，上涨浪 5 与下跌浪 A 就是一个涨少跌多的定式，下跌浪 A 与 B 就是一个跌多涨少的定式。

所以在实际的走势中，定式的拼接不一定是直接的拼接，有可能是通过重叠的方式来达到拼接效果的。

那么这种定式对于投资者来说有何价值呢？

在对走势图的观察中，大多数研究者会过于注重空间的变化，从而忽视时间的变化，其实在时间的变化中暗藏玄机。

在同一只股票中，同一种定式在时间上的长度往往是相似的，并且这种相似性会随着时间的接近而越来越明显。也就是说，在同一只股票中，相邻的两个涨多跌少模型中，"涨多"所用的时间（K线数量）是相近的，"跌少"所用的时间（K线数量）是相近的。

我们来看下面的案例：

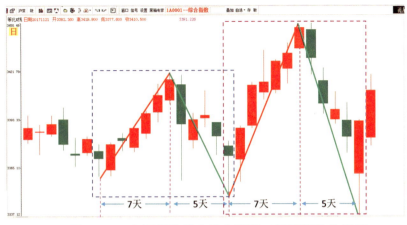

图 3.2.C　上证指数涨少跌多模型时间相似性分析图

　　图 3.2.C 是 1A0001——上证指数从 2017 年 10 月 11 日到 11 月 21 日之间共 30 个交易日的日 K 线走势图。可以看到图中指数经历了两次先涨后跌的走势，并且两次都是涨得少，跌得多，毫无疑问这是两个涨少跌多的定式。

　　图中我们用红色线条标记上涨，绿色线条标记下跌，并且用蓝色和粉色的虚线框分别将这两个定式标记出来。左边蓝色虚线框内的涨少跌多定式记为定式 1，右边粉色虚线框内的涨少跌多定式记为定式 2。

　　图中可以看到，这两个定式在空间上没有什么相似性，但是在时间上，两者的运行方式却几乎是完全相同的。

　　在图中左侧定式 1 中我们可以看到，指数的上涨用了 7 个交易日，而在图中右侧的定式 2 中，指数的上涨同样用了 7 个交易日；定式 1 中指数用了 5 个交易日从高点运行到低点，定式 2 中指数同样下跌了 5 个交易日之后才出现低点。在时间的角度上，两个定式同样都是"涨 7 天，跌 5 天"的走势。这段走势将"同股票中相同定式具备时间上的相似性"这一规律体现得淋漓尽致。

　　同时需要注意的是，越邻近的走势中出现的定式，这种相似

43

第一卷

分形与三角形

性就越明显,比如本案例中的两个涨少跌多定式,就是紧紧相邻的。

让我们换一种理解方式,指数的这一段走势我们可以理解为由两个涨少跌多定式拼接而来,所以会具有这种时间上的相似性。

我们可以认为同一只股票或者指数中的同种定式,在时间上的大小是一样的,而实际的走势就是由这些定式一点点拼接出来的。

但是如果用这种思路分析走势显然是不靠谱的,因为股价走势中这种"定式"的种类有不少,其组合的方式也不仅限于拼接这一种,还有一种重要的组合方式是重叠。

比如在图3.2.B中的八浪浪形图中,上涨浪1、2、3的走势就可以看作是由一个涨多跌少定式和一个跌少涨多定式组成的。当然其中的回调浪2,既是涨多跌少定式中的"跌少"部分,同时也是跌少涨多定式中的"跌少"部分,这部分就属于两个定式的重叠。这种重叠就造成了在实际的走势中,股价或者指数的这种相似性变得复杂——这种复杂的相似性被统称为"变拟"。

虽然股价走势中的定式很多,组合的方式也很复杂,但神奇的是,经过归纳我们发现,这种变拟在股市中仅仅只有四种典型的形态,这就是典型的"负负得正"现象,复杂与复杂的组合最终得到了简单的结果。

这四种变拟的第一种被称为"本拟",如下图所示:

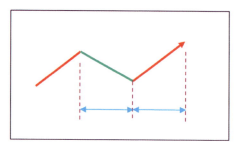

四种变拟之"本拟"

图3.2.D "本拟"示意图

这种本拟的走势可以简单地理解为涨少跌多定式与涨多跌少定式之间的"跌多"与"涨多"两部分的组合，或者涨多跌少定式与涨少跌多定式之间的"跌少"与"涨少"两部分的组合。总而言之，就是指相邻的下跌走势与上涨走势之间从时间上完全相同的情况，因为上涨和下跌的相似就好像是自己照镜子，所以被称为"本拟"。

比本拟稍复杂的一种变拟被称为"复拟"，如下图所示：

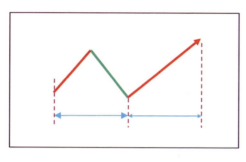

四种变拟之"复拟"

图 3.2.E　"复拟"示意图

复拟的走势就不是由四种简单的涨跌定式组成的了，其组成方式比较复杂，也没有太多的研究意义，我们只需要了解结果就好。复拟的含义是前一波涨跌所用的时间与后一波上涨所用的时间相同，因为是一波上涨所用的时间与一波上涨加一波下跌所用的时间相似，也就是"一"与"二"相似，所以叫作"复拟"。

第三种变拟被称为"隔拟"，如右图所示：

四种变拟之"隔拟"

图 3.2.F　"隔拟"示意图

正如它的名字，隔拟的含义就是两段在时间上完全相似的走势（可以是上涨，也可以是下跌），其中间隔了一小段与其相反的走势（如两段上涨之间间隔下跌，或者两段下跌之间间隔上涨）。

一般来说，这种隔拟的形成都是两个涨多跌少定式之间的拼接或者跌少涨多定式之间的拼接，当然也有可能是由更复杂的定式拼接或者重叠得到的。但是我们不必深究其成因，只需要了解它的性质即可。

最后一种变拟被称为"重拟"，其形态如下图所示：

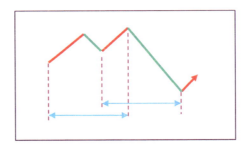

四种变拟之"重拟"

图3.2.G　"重拟"示意图

重拟的含义实际上就是"走势定式由重叠形成的变拟"，这也是重拟这个名称的由来。重拟有很多种，上图所示仅仅只是一种典型形态，所有重拟的共性就是在两段时间相似的走势中，有一小段走势是重合的，或者说是两者共有的。

这四种变拟的最大价值在于其中相似的走势所占的时间是一个固定值，这决定了四种变拟在模型理论中的实战意义。当然，这部分内容就不是本书所讨论的重点了。

之所以在这里介绍这几种变拟，一方面是为了以后更深入地了解它们提前打下基础；另一方面，我们可以借此了解股价走势中定式的重合与拼接。

分形又何尝不是股价走势中的一种"定式"呢？

分形的重叠

分形有上分形和下分形之分（但实际上分形不仅仅只有上分形和下分形两种，所以千万不要在自己的心中建立起"上分形＋下分形＝所有分形"的认识，否则将来深入研究分形的时候，思维容易被限制）。除此之外，还可以根据构成分形的K线数目分为3日分形、5日分形、7日分形等。

一般来说，模型理论中在研究分形的时候，更多研究的是3日分形和5日分形，再加上上分形和下分形的区别，一共有四种分形形态。如下图所示：

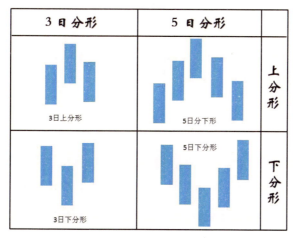

图 3.2.H　四种分形的形态图

在图 3.2.H 的表格中，纵向对比，3 日上分形与 3 日下分形之间有哪些相似之处呢？

从图 3.2.I 中可以看到，3 日上分形中的后两根 K 线与 3 日下分形中的前两根 K 线形态趋于一致。如果我们把这两根 K 线

图 3.2.I　3 日分形重合图

重合的话（重合部分如图中粉色虚线框标识），就得到了一个由 4 根 K 线组成的分形，其形态如图 3.2.I 中最右侧所示。

在之前模型理论对分形的研究中，我们知道股价的转折往往会形成一个分形，其中由涨转跌的走势往往会形成一个上分形；反之，由跌转涨的走势往往会形成一个下分形。

也就是说，股价结束一轮下跌或者横盘，至少要经历一个上分形和一个下分形。

有了这个认识，对这种形态价值的理解就变得简单了。

在实战操作时，大多数投资者最喜欢的股票是什么样的？——当然是买了就涨的！

什么样的股票最可能是买了就涨的？——刚刚结束一轮下跌，或者横盘震荡的股票。

所以图 3.2.I 中最右侧新得到的这个分形是股价洗盘的最小单位，股价在上涨的途中回调一根 K 线之后继续上涨，出现这种形态往往都是单边拉升的走势，只有在强势股、庄股中才会出现。

同样的道理，5 日上分形和 5 日下分形之间也有着这种相似之处，如图 3.2.J 所示：

如图 3.2.J 所示，5 日上分形中的后 3 根 K 线与 5 日下分形中的前 3 根 K 线形态趋于一致。如果我们把这 3 根 K 线重合的话（重合部分如图中粉色虚线框标识），就得到了一个由 7 根 K 线组成的分形，其形态如图 3.2.J 中最右侧所示。在这个形态中

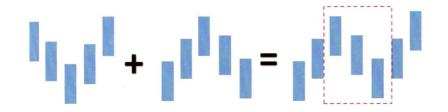

图 3.2.J　5 日分形重合图

同样包含了一个上分形和一个下分形，这种分形是股价洗盘的一般形态，股价在上涨的途中回调 3 根 K 线之后继续上涨。

两个 3 日分形重合而成的分形被称为"横三竖四分形"，而这种由两个 5 日分形重合而成的分形则被称为"五侯七贵分形"。

接下来笔者将结合案例，对这两个分形研究的两个重点进行深入阐述。

49

第三节　分形性质的实战可能性

前文中提到，对这两个分形的研究有两个重点，第一是其本身的形态价值。

比如横三竖四分形的出现，除了提示当前是一个不容错过的入场机会之外，还说明这只股票本身就是一个值得长期持有的股票，因为只有真正的好股票才可能会出现这样的走势。

在深入了解横三竖四分形的形态价值之前，我们首先要知道股价走势构成这一分形的形态要求。

如图 3.3.A 所示，横三竖四分形由 4 根 K 线构成，从左到右依次标记为 1、2、3、4，因为横三竖四分形是由 3 日上分形和

第一卷

分形与三角形

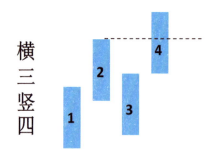

横
三
竖
四

图 3.3.A　横三竖四分形形态示意图

3 日下分形重合而成的，所以其构成 K 线的要求可以参照构成 3 日分形的 K 线要求，即 K 线 1 和 K 线 3 的最高价与最低价分别低于 K 线 2 的最高价与最低价，K 线 4 的最低价与最高价分别高于 K 线 3 的最高价与最低价。

这里需要特别强调的是，横三竖四分形的形态中虽然对构成分形的 K 线阴阳没有要求，但是要求 K 线 4 的收盘价高于 K 线 2 的最高价（如图中黑色虚线标识）。若不符合这一条件，则不属于横三竖四分形。同时横三竖四分形中的 K 线 1 的最低价低于 K 线 3 的最低价为佳(但不符合此条件不影响构成横三竖四分形)。

在走势中寻找横三竖四分形有一个小诀窍，因为横三竖四分形形态要求 K 线 4 的收盘价高于 K 线 2 的最高价，所以一般来说横三竖四分形中最后一根 K 线都为中阳线或者大阳线，研究者可以根据这个特征迅速在走势中锁定横三竖四分形的位置。

下面我们来看一下横三竖四分形的形态价值在个股实际走势中的体现。

图 3.3.B 是 300092——科新机电从 2016 年 5 月 9 日到 2016 年 6 月 28 日的日 K 线走势图。可以看到，图中蓝色框线处标识的走势形态是由两个 3 日分形重合而成的，将框线中 K 线依次标记为 1、2、3、4，则 K 线 1 为 2016 年 5 月 26 日，最高价 10.67 元，最低价 10.19 元；

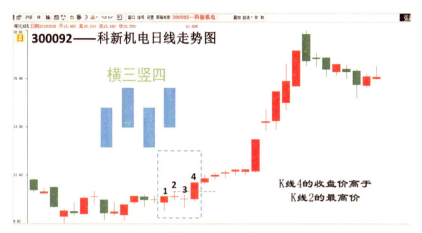

图 3.3.B　横三竖四分形的实战案例

K线2为2016年5月27日，最高价10.83元，最低价10.55元；

K线3为2016年5月30日，最高价10.72元，最低价10.30元；

K线4为2016年5月31日，最高价11.17元，最低价10.52元，收盘价11.16元。

则K线1的最高价10.67元，K线3的最高价10.72元，分别低于K线2的最高价10.83元；

同时K线1的最低价10.19元，K线3的最低价10.30元，分别低于K线2的最低价10.55元；

K线4的最高价11.17元与最低价10.52元分别高于K线3的最高价10.72元与最低价10.30元；且K线4的收盘价11.16元高于K线2的最高价10.83元。

符合横三竖四分形的形态要求，可以判断后市极可能出现强势单边上涨，此时是入场的好时机，另外K线1的最低价10.19元低于K线3的最低价10.30元，为最佳K线形态，说明后市走势中出现连续大阳线拉升的概率更大。

图中可以看到，走势中出现横三竖四分形之后立刻开始连续

的阳线拉升，在随后的 11 个交易日中涨幅达到 46.51%。

也许有的研究者会担心，横三竖四分形形态的要求这么多，会不会在走势中很少出现，让这种神奇的分形成为"屠龙之术"？

其实研究者大可不必有此担心，首先横三竖四分形在个股走势中出现的频率并不低，毕竟不论哪只股票走势，都少不了 3 日分形；其次，我们可以通过简化横三竖四分形的条件，在股市中寻找到更多的投资机会。

横三竖四分形劣化形态

横三竖四分形中可以简化的条件包括，K 线 1 最低价低于 K 线 3 最低价，并且将 K 线 4 的收盘价高于 K 线 2 的最高价，改为 K 线 4 的最高价高于 K 线 2 的最高价，此时符合其他条件的走势可视为劣化版的横三竖四分形。

劣化版横三竖四分形的优势是在股市中出现的次数更多，能够帮助研究者把握住更多的机会，但是劣化版的横三竖四分形成立之后，股价的走势可能会是震荡上涨而不是单边上涨。

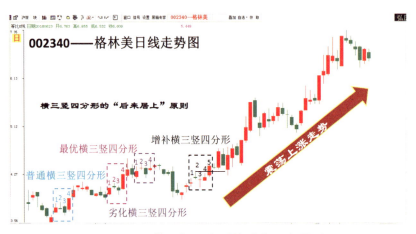

图 3.3.C　横三竖四分形的后来居上原则

图 3.3.C 是 002340——格林美从 2016 年 3 月 4 日到 2016 年 6 月 23 日的日 K 线走势图。图中由 3 日上分形与 3 日下分形组合而成的形态共有 4 处，在图中分别用蓝色、粉色、紫色和黑色虚线框标识，虚线框中 K 线分别按照从左到右的顺序标记为 1、2、3、4（黑色虚线框中标记为 1、2、3、4、5）。

图中蓝色、粉色、紫色和黑色虚线框中标识的走势都符合"K 线 1 和 K 线 3 的最高价与最低价分别低于 K 线 2 的最高价与最低价，K 线 4 的最低价与最高价分别高于 K 线 3 的最高价与最低价"的条件。

在此基础上，蓝色虚线框中标识的走势符合"K 线 4 的收盘价高于 K 线 2 的最高价"这一条件，但不符合"K 线 1 的最低价低于 K 线 3 的最低价"的条件，所以属于普通的横三竖四分形，预示着走势的单边上涨。

随后出现的粉色虚线框中标识的走势既符合"K 线 4 的收盘价高于 K 线 2 的最高价"的条件，又符合"K 线 1 的最低价低于 K 线 3 的最低价"的条件，是最优的横三竖四分形，预示着强势单边上涨。

紫色虚线框中标识的走势既不符合"K 线 4 的收盘价高于 K 线 2 的最高价"的条件，又不符合"K 线 1 的最低价低于 K 线 3 的最低价"的条件，但是符合"K 线 4 的最高价高于 K 线 2 的最高价"这一条件，所以是一个劣化的横三竖四分形，预示走势后期可能出现震荡上涨。

而黑色虚线框中前 4 根 K 线的走势同时不符合"K 线 4 的收盘价高于 K 线 2 的最高价""K 线 1 的最低价低于 K 线 3 的最低价""K 线 4 的最高价高于 K 线 2 的最高价"这三个条件，所以不能算是横三竖四分形。为何这段走势在图中被标识为"增补横三竖四分形"呢？稍后笔者会详细阐述原因。

我们先来看出现横三竖四分形之后的走势。图中可以看到，普通横三竖四分形（图中蓝色虚线框标识）出现之后，股价经过了一小波上涨后开始横盘，再经过小幅调整之后出现了最优横三竖四分形（图中粉色虚线框标识）。随后股价开始了小幅震荡上涨的走势，在震荡上涨的途中又出现了劣化横三竖四分形（图中紫色虚线框标识），股价在经过小幅调整后开始长时间大幅度的震荡上涨。

在这段走势中，连续出现了三次横三竖四分形，股价才开始启涨，在前期出现的横三竖四分形中，甚至有预示着强势单边上涨的最优横三竖四分形，但是上涨的走势明显属于震荡上涨，并不非常强势，这是什么原因呢？

这就需要提到横三竖四分形的"后来居上"原则了，也就是说，当股价走势中连续出现两个或两个以上横三竖四分形时，对股价启涨后走势的判断以最后一个出现的横三竖四分形为准。

在本案例中，就是以最后出现的劣化横三竖四分形为准，而实际的走势也是震荡上涨，印证了我们的判断。

所以在实际走势中，如果股价出现横三竖四分形之后没有上涨，不妨多观察，也许不久之后就有一个新的横三竖四分形出现。

最后，我们来解决前文中提到关于增补横三竖四分形的问题。有些时候，出现劣化的横三竖四分形之后股价可能不会立即上涨，而是会有一小段时间的回调或者横盘，之后才开始上涨。

那么在这段走势中，有可能会出现类似于图 3.3.C 中黑色虚线框标识的走势一样的情况，即出现一个同样由一个 3 日上分形和一个 3 日下分形组成的走势，但是 K 线 4 的最高点低于 K 线 2 的最高点。这种情况下，如果次日股价（如图中 K 线 5）收盘价高于 K 线 2 的最高价的话，可视为对横三竖四分形中 K 线 4 的增补，称为"增补横三竖四分形"，此处亦可作为买点存在。

但必须要注意的是，这种增补横三竖四分形不宜单独作为买入点的判断依据，最好是出现在其他横三竖四分形之后，起到发挥买点或者加仓点的作用。

此外，在使用横三竖四分形的时候，不一定要把目光局限于那种大规模的上涨。这种分形的出现仅仅反映上涨的强度，上涨的时间并不能得到保证。也就是说，有可能会出现买入之后连续一两个交易日的上涨就结束涨势的情况，所以不妨运用移动止损原则，做一个能长能短的投资者。

关于移动止损的原则，在接下来的内容中还会有详细阐述。

五侯七贵分形

下面我们来看一下五侯七贵分形的形态价值。

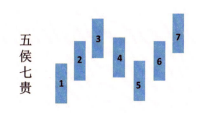

图 3.3.D　五侯七贵分形形态示意图

如图 3.3.D 所示，五侯七贵分形由 7 根 K 线构成，从左到右依次标记为 1、2、3、4、5、6、7。因为五侯七贵分形是由 5 日上分形和 5 日下分形重合而成的，所以其构成 K 线的要求可以参照构成 5 日分形的 K 线要求，即 K 线 1、2、3 之间最高价和最低价分别依次抬高，K 线 3、4、5 之间最高价与最低价分别依次降低，K 线 5、6、7 之间最高价和最低价分别依次抬高。

五侯七贵的走势出现之后，代表股价中长期走势向好。但是五侯七贵分形并不预示着拉升的来临，也就是说，五侯七贵走势出现之后，股价往往还会出现调整。

五侯七贵分形是判断股价中长期反转最小的单位，只要出现了五侯七贵分形，就可以判断此处即为走势底部，中长期的上涨走势已经确定，但五侯七贵出现的位置不一定是上涨走势的启动点。

这一性质的典型如下图所示：

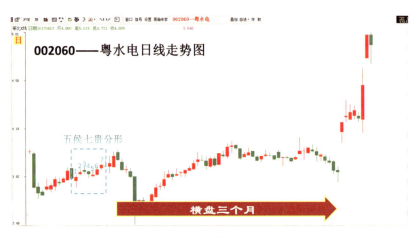

图 3.3.E 粤水电日线走势图

图 3.3.E 是 002060——粤水电从 2016 年 12 月 9 日到 2017 年 4 月 13 日的日 K 线走势图。图中蓝色虚线框标识处的走势为五侯七贵分形，分别标记走势中的 K 线为 1、2、3、4、5、6、7。实际上走势中形成的并非标准的五侯七贵分形，而是降低要求的劣化版五侯七贵分形。

五侯七贵分形的形态要求：K 线 1、2、3 之间最高价和最低价分别依次抬高，K 线 3、4、5 之间最高价与最低价分别依次降低，K 线 5、6、7 之间最高价和最低价分别依次抬高。而图中的走势 K 线 4 的最高价与 K 线 5 的最高价相同，且 K 线 5 的最低价高于 K 线 4 的最低价。

劣化版五侯七贵分形的形态要求为：K线1、2、3、4、5组成的5日上分形必须为标准的5日上分形，K线5、6、7之间必须高点、低点分别依次抬高；或者由K线3、4、5、6、7组成的5日下分形必须为标准的5日下分形，K线1、2、3之间必须高点、低点分别依次抬高。

劣化后的五侯七贵分形更加难以把握中长期走势正式启涨的时间。比如在本案例中，股价走势就是在劣化版的五侯七贵分形形成后，横盘三个月才开始启涨的，启涨的价位就在五侯七贵分形附近。

下面我们来看一个标准的五侯七贵分形案例。

图3.3.F 标准的五侯七贵分形案例图

图3.3.F是002054——德美化工从2017年3月14日到2017年6月16日的日K线走势图。图中可以清晰地看到，K线高低点之间的对比非常明显，完美地符合K线1、2、3之间最高价和最低价分别依次抬高，K线3、4、5之间最高价与最低价分别依次降低，K线5、6、7之间最高价和最低价分别依次抬高的要求，所以蓝色虚线框标识处为标准的五侯七贵分形。

图中可以看到，在实际的走势中，五侯七贵分形形成之后，股价经过一个简单的调整就开始了中期上涨走势，印证了前文中提到的五侯七贵分形形态的性质，即五侯七贵分形的出现预示着中长期级别的上涨，以及五侯七贵分形出现之后一般会出现调整。

三沐三熏分形

前文中提到的横三竖四分形和五侯七贵分形都是分形"完全"重合的产物，所谓"完全"重合是指重合后的分形中能找到两个原来分形的全部走势，比如在横三竖四分形中K线1、2、3是上分形，K线2、3、4是下分形；在五侯七贵分形中K线1、2、3、4、5是上分形，K线3、4、5、6、7是下分形。

与"完全"重合相对应的就是"不完全"重合，在两个分形"不完全"重合之后的走势中，找不到原来两个分形的全部走势。

接下来要为大家介绍的是由5日分形与7日分形不完全重合的结果——三沐三熏分形。

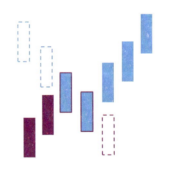

图3.3.G　三沐三熏分形的不完全重合示意图

如上图所示，三沐三熏分形是由一个5日上分形和7日下分形不完全重合得到的。图中用紫色标记5日上分形，蓝色标记7日下分形，虚线标识因不完全重合而消失的部分，蓝芯紫框标识两种分形重合的走势。

图中所有实线代表的走势即为三沐三熏分形的形态，如下图所示：

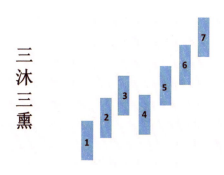

图 3.3.H　三沐三熏分形形态示意图

三沐三熏出自宋代诗人李清照的《投翰林学士綦崇礼启》中"重归畎亩，更须三沐三熏"一句，意为多次地沐浴熏香，表示郑重或者虔诚。在股市中值得投资者们如此郑重对待的走势莫过于那种 45 度角单边上涨，短暂调整之后继续 45 度角单边上涨的走势了，而三沐三熏分形就预示着这种走势。

如图 3.3.H 所示，三沐三熏分形与五侯七贵分形都是由 7 根 K 线构成，从左到右依次标记为 1、2、3、4、5、6、7。因为三沐三熏分形是由 5 日上分形和 7 日下分形不完全重合而成的，所以其构成 K 线的要求可以参照构成 5 日分形和 7 日分形的 K 线要求，即 K 线 1、2、3 之间最高价和最低价分别依次抬高，K 线 3、4 之间最高价与最低价分别依次降低，K 线 4、5、6、7 之间最高价和最低价分别依次抬高。

细心的读者可能已经发现，在三沐三熏分形中一定会包含一个横三竖四分形（图中 K 线 2、3、4、5 就构成了一个横三竖四分形）。所以三沐三熏分形没有劣化版，因为横三竖四分形就可以视为三

第一卷

分形与三角形

沐三熏分形的劣化版。

我们可以通过下面的案例来印证三沐三熏分形形态在股市中的价值。

图 3.3.1 三沐三熏分形实战案例图

图 3.3.1 是 002656——摩登大道从 2017 年 8 月 8 日到 2017 年 12 月 15 日的日 K 线走势图。数据统计表明，在个股走势中，三沐三熏分形出现的概率高于五侯七贵分形，而低于横三竖四分形，所以当大盘向好时，可以着重留意自己所关注的个股中是否出现了三沐三熏分形的走势。

在本案例中一共出现了两次标准的三沐三熏分形（如图中蓝色虚线框和粉色虚线框标识），虚线框中的 K 线从左到右依次标记为 1、2、3、4、5、6、7，并且都满足 K 线 1、2、3 之间最高价和最低价分别依次抬高，K 线 3、4 之间最高价与最低价分别依次降低，K 线 4、5、6、7 之间最高价和最低价分别依次抬高的条件。

从图中走势来看，股价从出现三沐三熏分形之后就开始一路上涨。这一波涨幅最高达到 48.74%，足以说明三沐三熏分形的形态价值。

论述这些全新分形的意义一方面在于为研究者提供全新的预测股价走势的模型，另一方面在于启发研究者。分形不是只有上下分形，它的世界很宽广，每一种分形都具有可复制性和相似性，我们不能把自己的目光局限在简单的上分形和下分形上。

分形的"影射区"

前文中我们提到，对横三竖四分形和五侯七贵分形的研究有两个重点。其中一个是刚刚介绍的形态价值，而另一个值得研究的重点就是两个分形重合的位置（如图3.3.J中粉色框线标识处），这种重合的位置被称为"影射区"，如图所示：

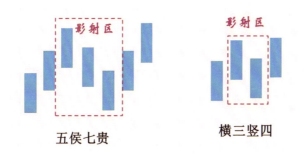

图 3.3.J　横三竖四分形与五侯七贵分形的影射区示意图

在变化莫测的股市中，这种"影射区"又有着什么样的意义呢？

如果从分形的角度来解读股价的走势，股价的运行就是不断地从影射区到相似区，再从相似区到影射区的过程，如下图所示：

图 3.3.K 从分形角度解读股价走势。

股票运行的规律就是，一只股票的股价在下跌一段时间之后，就会出现横盘走势，而这种横盘的过程就被称为"影射区"。这种走势决定了大多数投资者无法从影射区获取收益。

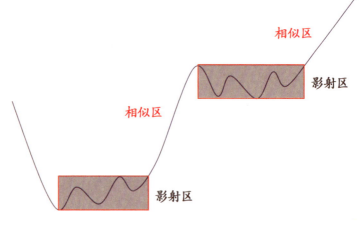

图 3.3.K　三沐三熏分形实战案例图

　　而影射区之间的关系是大小不同，形态相似，股价底部的横盘走势和上涨途中的横盘调整之间，除了大小并没有什么区别。这就好像是同款的鞋子，有人穿 37 码，有人穿 42 码，款式一样，大小不同。这种大小的不同体现在走势中，就是时间与空间上的等比例变化，最终展现在走势图上被我们看到的直观结果，就是大小不同。

　　同一只股票股价的走势如何形成底部，它在高位就会采取同样的方式横盘；反过来，股价在高位如何形成顶部，也会用同样的方式形成底部。

　　比较典型的例子就是五侯七贵分形，我们可以通过这种分形判断出股价已经运行到了底部，却不能知道股价何时启涨。就是因为股价运行到了底部，还要形成影射区之后才会正式开始上涨。

　　而与影射区相对应的就是相似区，相似区的走势是完全相似的，相似区的区间越小，这种相似性就越明显。

　　如果在股价的走势中能够区分开相似区和影射区的话，对于走势的判断就会变得容易。

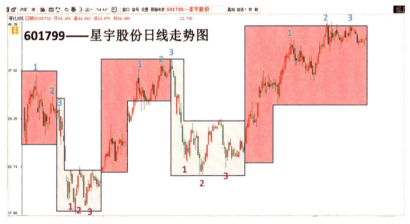

图 3.3.L　股价走势中的影射区和相似区

　　图 3.3.L 是 601799——星 宇 股 份 从 2015 年 7 月 15 日 到 2016 年 7 月 19 日一年间的日 K 线走势图。从图中可以看到，如果我们把走势划分为影射区与相似区，那么走势的这种相似性就变得一目了然了。

　　图中用正向和反向的"旗形"标记股价的走势（之所以在旗形上标了引号，是因为本案例中的旗形是带旗杆的），其中旗面代表股价的影射区，而旗杆代表股价的相似区。如此划分之后，我们可以明显看出图中股价整体的走势就是"震荡做顶—单边下跌—震荡做底—单边上涨—震荡做顶—单边下跌—震荡做底—单边上涨"。

　　其中，每次单边走势用的时间和单边上涨、下跌的幅度都差不多，而每次影射区的走势都是出现第三个顶点之后转折。图中用蓝色数字标记连续出现的高点，而用粉色数字标记连续出现的低点。这种走势完美印证了前文中提到的影射区和相似区的性质，几个影射区之间虽然从时间的长度（K 线数目）和空间的大小（股价振幅）上都不相同，但其中的走势都是一样的，都是出现三个顶点之后转折，的确是怎么做顶的就会怎么做底，非常规律。而相似区都是短时间内的大幅度单边走势，其相似性是无须赘言的。

通过影射区与相似区的属性，我们只需要在走势中划分出哪些是影射区，哪些是相似区，就可以更加轻松地把握走势变化的规律，无论是研究还是实操都具有非常重要的意义。

小　结

最后一个问题是关于影射区和相似区的划分，我们知道股价的走势是由影射区和相似区组成的，但是如果不能准确地划分出影射区和相似区，这种规律的实用价值就会大打折扣。

影射区的划分，其实在图3.3.L上的这种不规则走势中，影射区的划分思路与图3.2.J中的规则分形影射区划分方式是相同的。

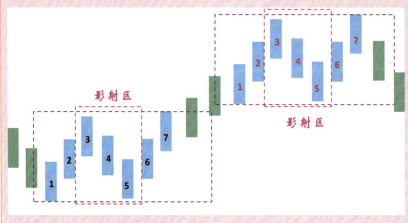

图 3.J.A　影射区与相似区的划分方式

如图 3.J.A，以五侯七贵分形（图中蓝色 K 线为五侯七贵分形）为例，影射区为上下 5 日分形结合时重合的部分（如图中粉色框线标识）。也就是说，当股价上涨时，K 线 6（黑色字体）之后的走势即被视为脱离影射区；当股价做顶时，K 线 3（粉色字体）才算正式进入影射区。之所以有这样的划分方式，是因为如果把整个横盘的振幅都视作重影区（如图中紫色框线标识）的话，你就会发现许多时候相似区只有短短数个交易日，时间限制空间（因为在国内市场单日涨幅最大为 10%），涨跌幅也不会太大，可以获利的空间也就不大。

至于如何判断股价脱离影射区，根据影射区走势的相似性就可以轻易做到。比如在图 3.3.L 案例中，股价第三次做底或者做顶，就可以判断股价脱离影射区了。

当然这并不是精确判断买卖点的方法，这种方法的作用是整体分析股价走势，而非精准地确定买卖点。在实战中，需要确定大概的买卖点位置，具体的点位把握可以结合其他模型来进行。

分形的奥秘无穷无尽，只要深入研究就会有新的收获。在接下来的内容中，你将了解到如何将分形化作一面镜子，倒转过去与未来。

扫码观看《模型理论》讲解视频
解决学习、应用模型理论中的一系列问题

第二卷　时空之镜

第四章　分式镜转模型

生活中我们都离不开镜子，无论是整理形象还是开车倒视都会用到它。

也许你也曾做过这样的实验：把两面镜子的镜面相对，你会发现从任意一个镜面里都会看到无数个倒影。

有人说：把过去放在镜子里，你会看到未来。

也许在股市中挣扎的我们，正需要这样一面镜子。

第一节　分式镜转模型的基础三线

镜转模型的概念来自本章引言中提到的那个物理实验：两面相对的镜子中会出现无数个倒影。如果我们把"现在"作为镜面，用来倒映"过去"，就可以得到"未来"。当然这种倒映不是简单的对称，而是遵循一定的规律，建立在这种规律上的模型，被称为"镜转模型"。

镜转模型分为两种，一种是"分式镜转模型"，另一种是"衍式镜转模型"。从模型架构的角度看，两种模型非常相似，但是从倒映未来的方式上看，两者却几乎毫无关联。

我们首先来了解一下分式镜转模型。相对于衍式镜转模型复杂的衍生公式而言，分式镜转模型更加简约，易于学习、理解和掌握，作为学习镜转模型的第一步，再合适不过了。况且，分式镜转模型可是我们的"老朋友"了。

在《模型理论》系列丛书的第三册《模型理论之破译趋势基因》中，我曾为大家介绍过追踪交易的概念，并且提供了一个五段跟踪模型。实际上，这一模型就是分式镜转模型的一种变式，如果你还记得五段跟踪模型的话，分式镜转模型对你来说就不会非常难以理解。

下面让我们来真正地了解分式镜转模型。

模型基础

模型的建立首先需要一个基础，这一基础往往是模型的理论依据，比如分式镜转模型的基础就是分形和对称。

如图 4.1.A 所示：

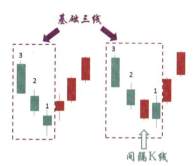

K线1是最低点所在K线；
K线2相对于K线1高点、低点都抬高；
K线3相对于K线2高点、低点都抬高；
K线1、2、3之间允许出现间隔。

基础三线

间隔K线

图 4.1.A　分式镜转模型基础图

图中标记为"1、2、3"的 3 根绿色 K 线构成了分式镜转模型的模型基础，被称为基础三线。

当然并不是随便 3 根 K 线都能构成基础三线的，基础三线的构成条件是：K 线 1 必须为（阶段）最高点或最低点所在 K 线（图4.1.A 选取的案例中，K 线 1 是最低点所在 K 线），并且 K 线2 相对于 K 线 1 的高点、低点都抬高；同时，K 线 3 相对于 K 线2 的高点、低点都抬高。

需要注意的是，基础三线不要求必须连续，也就是说 K 线 1、2、3 之间允许出现间隔（如图 4.1.A 中右侧案例）。

可以看出，图 4.1.A 中的分式镜转模型是用来寻找低点的，所以我们称之为"上涨分式镜转模型"；与之相对应的，还有"下跌分式镜转模型"。

如图 4.1.B 是下跌分式镜转模型基础的示意图，大部分规律都是与上涨分式镜转模型相对应的，并不难掌握。但是，需要注意的是，上涨分式镜转模型是用来寻找入场点的，但是下跌分式镜转模型却通常不被用来寻找离场点。实际上下跌分式镜转模型是用来做空的，鉴于国内市场只有做多机制，所以下跌分式镜转

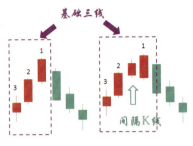

K线1是最高点所在K线；

K线2相对于K线1高点、低点都降低；

K线3相对于K线2高点、低点都降低；

K线1、2、3之间允许出现间隔。

基础三线

间隔K线

图 4.1.B　下跌分式镜转模型基础图

模型不作为本书的重点内容讲解。

从理论上来说，任何一个高点或者低点都可以找到分式镜转模型的基础三线，但并不是每一个基础三线都能建立起完整的分式镜转模型，也不是每一个分式镜转模型都具备预测意义。

在学习模型理论时，很重要的一条规律就是"形态决定性质"，几乎所有的模型都是如此。即使是同类模型，不同的形态也会使其具备不同的性质，分式镜转模型也不例外。

通过基础三线的形态可以判断一只股票的股性是否活跃。

一般来说，基础三线的区间（最高点与最低点的距离）大于K线1的实体（开盘价与收盘价的距离）的两倍为佳。区间越大预示着反转之后上涨或下跌的速度越快，幅度越大。

并且基础三线之间允许存在间隔，但存在的间隔K线越多，往往预示着反转之后上涨或下跌的速度越慢，幅度越小。

也就是说，基础三线的区间越大，三线之间越连续，则说明股性越活跃；区间越小间隔越多，则说明股性越不活跃。

入场点与止损点

模型基础确立之后，似乎最应该关注的问题就是如何把分式镜转模型应用于实战中了，而实战的第一步往往都是买入。一个好的模型，必然有着完善的入场和止损机制，那么分式镜转模型中的入场点在哪呢？

技术分析的核心思想就是顺势而为，在分式镜转模型中入场点的确立就秉承了这一思想。有些投资者不能理解顺势而为与入场点的选择之间有什么样的关系，其实你和真相之间只差一个简单的推理。

具体来说，顺势而为的思想就是当市场维持上涨趋势时持有，当市场维持下跌趋势时空仓，而当转势时进行买入或者卖出的操作。毫无疑问，在分式镜转模型中，趋势由下跌转为上涨的确认点就是买入点，那么我们不得不考虑一个问题——如何确认趋势的转折？

实际上，所有秉承顺势而为这一理念所建立的模型都需要解决这个问题，一个优秀的模型在确认转折点时一定是迅速而精确的，趋势转折点确认得越早、越精确，就可以获得更多的利润，或者回避更多的风险。

在这一点上，分式镜转模型有着不小的优势。

正常情况下，找到基础三线建立模型之后就可以确认入场点的位置，分式镜转模型的入场点位置（注：因为下跌分式镜转模型主要用来做空，不作为本书讨论的重点。所以本书中不做特别声明的分式镜转模型都被视为上涨分式镜转模型）一般在基础三线中最后一根，也就是 K 线 3 的最高点处。

如图 4.1.C，过 K 线 3 的最高点作一条水平线，当股价开始上涨时开始跟踪，一旦股价收盘于水平线之上，即可考虑入场。此时可将入场点当日的 K 线最低价作为止损位，一旦股价跌破止损线，立刻止损。

过K线3的最高点作一条水平线，当股价从K线1的最低点开始上涨后突破K线3的最高点，即为分式镜转模型的入场点。

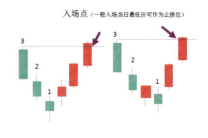

图4.1.C　分式镜转模型入场点图

图 4.1.D 是 600141——兴发集团从 2017 年 12 月 12 日到 2018 年 1 月 22 日的日 K 线走势图。图中可以看到，股价在 2017 年 12 月 15 日出现低点 15.50 元，我们可以尝试根据这一低点建立上涨分式镜转模型。

图4.1.D　分式镜转模型实战案例图

首先是基础三线的确立，根据基础三线确立的规则，选择最低价所在 K 线（12 月 15 日）标记为 K 线 1（如图中数字 1 标识），K 线 1 的最高价为 15.98 元，最低价为 15.50 元。根据 K

线 1 向左寻找相对于 K 线 1 高点、低点都抬高的 K 线,与 K 线 1 紧邻的小阴线为 2017 年 12 月 14 日,最高价为 16.08 元,大于 K 线 1 最高价 15.98 元,最低价为 15.73 元,高于 K 线 1 最低价 15.50 元,符合条件,标记为 K 线 2(如图中数字 2 标识)。再根据 K 线 2 向左寻找相对于 K 线 2 高点、低点都抬高的 K 线,图中可以看到 2017 年 12 月 13 日的小阳线是 K 线 2 左侧第一根符合此条件的 K 线,标记为 K 线 3(图中数字 3 标识)。

基础三线(如图中蓝色虚线框标识)确立之后,可以宣告分式镜转模型成立。过 K 线 3 最高点 16.12 元作一条水平线(如图中蓝色实线),当股价开始上涨时就可以开始跟踪。如图所示,2017 年 12 月 18 日股价收出长阳线,以上影线首次触及 K 线 3 的最高点,突破即可买入(买入点如图中紫色箭头所示,需要注意的是,若股价仅仅与 K 线 3 的最高点重合则不能称之为突破),此时可确立止损位为 2017 年 12 月 18 日 K 线的最低点 15.53 元,一旦股价以收盘价跌破此位置,则立即止损出局。

图中可以看到,在本案例中我们按照上涨分式镜转模型买入之后,股价一路上涨,系统统计本次上涨涨幅(从最低点开始统计)为 20.82%,按照模型买入获利颇丰。

但是这里需要注意的一点是,分式镜转模型建立后,基础三线的位置并不是一成不变的。在上一案例中,如果股价从 K 线 1 处开始上涨之后未达到 K 线 3 即开始下跌,并最终跌破 K 线 1 的最低点(与一般情况下判断突破或者跌破需要收盘价作为基准不同,此处只需要股价形成新的低点即可,不一定要求收盘价跌破 K 线 1 的最低价),那么这一分式镜转模型视为不成立,需要重新确认基础三线的位置。

如下面的情况:

模型
理论 7

九
衍
时
空
镜
转

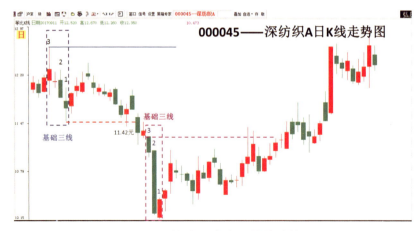

图 4.1.E　基础三线确立的特殊情况

　　上图是 000045——深纺织 A 从 2017 年 6 月 15 日到 2017 年 9 月 11 日的日 K 线走势图。可以看到，图中左侧出现一个低点（2017 年 6 月 23 日，最高点 12.01 元，最低点 11.50 元，阴线），根据这一低点尝试建立上涨分式镜转模型，标记为 K 线 1（图中黑色数字 1 标识），从 K 线 1 左侧寻找相对于 K 线 1 高点、低点抬高的第一根 K 线，标记为 K 线 2（2017 年 6 月 22 日，最高点 12.28 元，最低点 11.85 元，如图中黑色数字 2 标识）；再在 K 线 2 的基础上向左侧寻找符合条件的 K 线 3（2017 年 6 月 20 日，最高点 12.65 元，最低点 11.89 元，图中黑色数字 3 标识）。可以看到，K 线 2 与 K 线 3 之间间隔了一根阳十字星线，但基础三线区间大于 K 线 1 实体的两倍以上。根据前文中用基础三线形态判断股性是否活跃的方法可知，这只股票活跃性稍差，但仍属于活跃的范畴。

　　根据图中左侧蓝色框线标识的基础三线可以建立上涨分式镜转模型，过 K 线 3 最高点 12.65 元作一条水平线（如图中蓝色实线），当股价开始上涨时就可以开始跟踪。如图所示，通过对走势的跟踪，我们发现股价经过 4 个交易日的上涨之后，在没有触及 12.65 元的情况下就开始下跌，此时判断为特殊情况的出现，应过 K 线 1 的最低价 11.50 元作一条水平线（如图中红色虚线），2017 年 7 月 10 日股价最低点为 11.42 元，以长下影线跌破 K 线 1 最低价，则此时即可宣告前期基础三线作废，此上涨分式镜转模型不成立。

需要注意的是，即使股价突破了 K 线 3 的最高点之后才开始下跌，只要股价跌破了 K 线 1 的最低点，则宣告上涨分式镜转模型不成立，需确定新的低点重新建立模型。相应的，在下跌分式镜转模型中是股价突破 K 线 1 的高点，则宣告下跌分式镜转模型不成立，需确定新的高点重新建立模型。

继续跟踪股价下跌，图中可以看到，股价最终于 2017 年 7 月 18 日，出现低点 10.15 元（当日 K 线最高点 10.43 元，阳线），根据这一低点尝试建立上涨分式镜转模型，标记为 K 线 1（图中蓝色数字 1 标识）；从 K 线 1 左侧寻找相对于 K 线 1 高点、低点抬高的第一根 K 线，标记为 K 线 2（2017 年 7 月 17 日，最高点 11.08 元，最低点 10.20 元，如图中蓝色数字 2 标识）；再在 K 线 2 的基础上向左侧寻找符合条件的 K 线 3（2017 年 7 月 14 日，最高点 11.28 元，最低点 10.98 元，图中蓝色数字 3 标识）。自此新的基础三线确立（如图中粉色虚线框标识），则根据图中右侧粉色虚线框标识的基础三线可以建立上涨分式镜转模型。过 K 线 3 最高点 11.28 元作一条水平线（如图中粉色虚线），当股价开始上涨时就可以开始跟踪。如图所示，股价在此低点开始一路上涨，最终突破 11.28 元之后仍有大幅上涨（注，股价从低点上涨期间，有一次股价收盘于止损位以下，应立即止损，随后股价在此突破买入位置之后，再次买入即可）。

第二节 分式镜转模型的实战价值

抢点入场与止损线

看到这个题目，有些读者难免要疑惑，介绍分式镜转模型基础的时候不是已经介绍过止损位了吗？怎么又来一个止损线？

这并不是内容上的重复，前文中也提到分式镜转模型在把握趋势转折点上有不小的优势，其优势就是可以抢入场点和优化止损线。

首先从止损线开始介绍，实际上选择买入日最低价作为止损位是通常情况下的做法，大多数模型都可以选择这种方式进行止损，也就是说，这种止损方式是"通用型"的。

选择买入日最低价作为止损位，这种止损方法的一大缺点就是当买入之后，股价经过长时间的上涨后就会完全失去意义，因此只适用于短期获利模型。

分式镜转模型本身拥有"专属型"的止损位，这一止损位在大多数情况下优于通用型，所以笔者特别占用一些篇幅来介绍这一止损位的确定方法。

如图 4.2.A 是分式镜转模型的止损线示意图，当股价从最低点 1 开始上涨时出现第一个次高点，将此高点标记为 K 线 a。在 K 线 a 的基础上往左推，选择第一根相对于 K 线 a 高点、低点都降低的 K 线标记为 K 线 b，之后在 K 线 b 的基础上往左推，选择第一根相对于 K 线 b 高点、低点都降低的 K 线标记为 K 线 c，则过 K 线 c 的最低点作一条水平线，即为分式镜转模型的止损线。

当股价跌破这条止损线时就要及时止损，同时这条止损线对

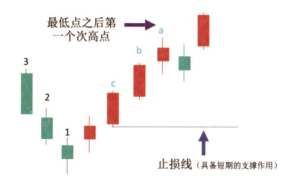

最低点之后第
一个次高点

止损线 (具备短期的支撑作用)

分式镜转模型止损线

图 4.2.A　分式镜转模型止损线

股价会产生短期支撑作用，在实际使用时也要考虑到股价受到支撑再次启涨的情况。

　　考虑到这种情况，如果不是在进行超短线操作或者股价处于风险区的话，可以考虑以收盘价跌破止损线来作为止损依据，而非触及止损线即止损。

　　需要注意的是，分式镜转模型止损线的确定存在特殊情况，如图 4.2.B 所示。

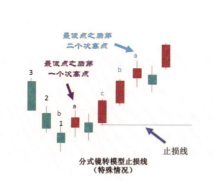

最低点之后第
二个次高点

最低点之后第
一个次高点

止损线

分式镜转模型止损线
（特殊情况）

图 4.2.B　止损线的特殊情况

第二卷

时
空
之
镜

　　如上图，将最低点（K 线 1 处）之后第一个次高点标记为 K 线 a（紫色）。根据规则，选取 K 线 a 左侧第一根相对于 K 线 a

高点、低点都降低的 K 线标记为 K 线 b。可以看到，K 线 b 即为最低点 K 线 1，无法画出 K 线 c，所以此时选取最低点之后第二个次高点，标记为 K 线 a（蓝色），此后根据规则找出 K 线 a、b、c，过 K 线 c 最低点作水平线为止损线。

这种情况出现，说明股价上涨力度不强，活跃程度不高，参与时应注意仓位不宜过重，随时留意风险。

与之相反，若是从最低点经历了较长时间且较大幅度的上涨之后才出现次高点，则说明股价上涨力度较强，可积极参与。

分式镜转模型的止损线，除了上述作用之外，在后期的模型实战中还可进一步优化，具体的方法，稍后会详细地阐述。

曾经看过一句话："人生不能像做菜，把所有材料准备好了再下锅。"人生要随时准备面对突如其来的机会与风险，股市中也是如此。所以很多时候我们不能等趋势完全确认才开始第一步行动，尤其是进行短线或者高抛低吸时，更是"分毛必争"，一个点位都不能放过，这种情况下再选择趋势转折点作为买入点就显得不够灵活。

前文提到，分式镜转模型除了优化止损线之外，还可以进行抢点入场。

图 4.2.C 为分式镜转模型中抢点入场示意图，当基础三线确

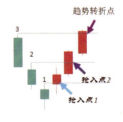

图 4.2.C 分式镜转模型抢点入场示意图

立之后，股价开始上涨时，分别过 K 线 1 和 K 线 2 的最高点做水平线，当股价突破 K 线 1 最高点时即为抢入点 1，突破 K 线 2 的最高点时即为抢入点 2。

在抢入点 1 处可轻仓买入（一般不大于总体资金量的 1/10），一旦股价跌破买入当天最低价则止损；当股价突破抢入点 2 时加仓（同样不大于总体资金量的 1/10），股价跌破 K 线 2 最低价时止损；当转势确认之后再根据模型进行操作（注：因为国内市场是"T+1"，所以一般情况下抢点入场时只能把握到一个抢入点，把握到的抢入点越多，越要留意风险的存在）。

抢点入场时最需要关注的就是风险，一般来说，这种入场方法只适用于强势的股票，并且最好在大盘处于牛市行情中使用。

简而言之，这种方法是十拿九稳用来增加利润的，而不是用来在股市中赌运气的。

我们来看下面的案例：

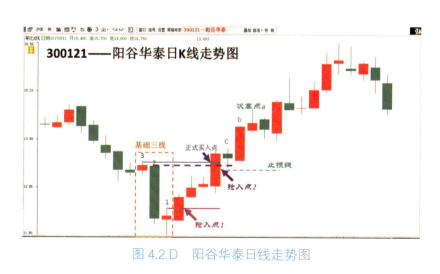

图 4.2.D　阳谷华泰日线走势图

图 4.2.D 是 300121——阳谷华泰从 2017 年 7 月 4 日到 2017 年 8 月 11 日的日 K 线走势图。图中可以看到，股价在 2017 年 7

月 18 日出现低点 11.80 元，我们可以尝试根据这一低点建立上涨分式镜转模型。

首先是基础三线的确立，根据基础三线的规则，选择最低价所在 K 线（7 月 18 日）标记为 K 线 1（如图中数字 1 标识）。K 线 1 的最高价为 12.38 元，最低价为 11.80 元，根据 K 线 1 向左寻找相对于 K 线 1 高点、低点都抬高的 K 线，与 K 线 1 紧邻的大阴线为 2017 年 7 月 17 日，最高价为 13.33 元，大于 K 线 1 最高价 12.38 元；最低价为 12.02 元，高于 K 线 1 最低价 11.80 元，符合条件，标记为 K 线 2（如图中数字 2 标识）。再根据 K 线 2 向左寻找相对于 K 线 2 高点、低点都抬高的 K 线，图中可以看到 2017 年 7 月 14 日的小阳线是 K 线 2 左侧第一根符合此条件的 K 线，标记为 K 线 3（图中数字 3 标识）。

基础三线（如图中橙色虚线框标识）确立之后，可以宣告分式镜转模型成立，过 K 线 3 最高点 13.46 元作一条水平线（如图中蓝色实线），当股价开始上涨时就可以开始跟踪。如图所示，我们可以看到基础三线中没有间隔，且基础三线区间为 1.66 元，K 线 1 的实际长度为 0.08 元，前者是后者的 20 多倍，远远超过要求的两倍，可以判断这只股票的股性活跃。

但同时我们要考虑的一个问题是，因为趋势转折点是 K 线 3 的最高点，也就是基础三线区间的最高点，那么如果我们在趋势转折点才开始入市，基础三线越大，我们错过的利润就越多，因此，抢点买入法的价值在于基础三线区间过大的时候用来确保利润。所以当建立模型后发现基础三线过大，则可以考虑使用抢点买入法来获得更多利润。

需要注意的是，使用抢点买入法时，止损位为 K 线 1 最低价。一旦股价跌破 K 线 1 的最低价，则宣告模型不成立，抢点买入也就没有意义了，此时应立即止损，重新建立模型。

如图所示，在本案例中，股价从低点开始连续上涨 4 个交易日后，才在 2017 年 7 月 24 日以长阳线突破 K 线 3 的最高点 13.46 元。正如前文中所说，因为基础三线区间过大，此时买入，我们已经错过了一波利润，不如选择在股价突破 K 线 1 的高点 12.38 元（如图中粉色线标识）时低仓位抢点买入，确立止损位为 K 线 1 最低点 11.80 元。随后当股价突破 K 线 2 的最高点 13.33 元（如图中紫色虚线标识）时再次加仓，止损位不变。当 7 月 24 日股价正式突破 K 线 3 最高点时，达到买入此股的最大仓位，此时可确立止损位为 2017 年 7 月 24 日 K 线的最低点 12.71 元。一旦股价以收盘价跌破此位置，则立即止损出局。

以上是抢点买入法的实战部分，我们可以看到，在面对基础三线区间过大的情况时，抢点买入法可以发挥相当大的价值。但是需要注意两点。第一是抢点买入法前两次抢点仓位一定要轻，止损一定要果断；第二是不宜将全部仓位放在一只股票上。即使股价突破 K 线 3 的最高点，也不能把全部身家一次性投进去，时刻注意风险，才能在股市中笑到最后。

随后我们来看一下升级后的止损位。如图所示，我们可以看到，当股价突破 K 线 3 最高点之后继续上涨，2017 年 7 月 28 日首次出现中阴线下跌，则此时可以确定第一个次高点为 2017 年 7 月 27 日高点 14.77 元，标记为次高点 a（如图中青色标识，当日最低点为 14.15 元）。根据规则，选取次高点 a 左侧第一根相对于其高点、低点都降低的 K 线标记为 K 线 b（2017 年 7 月 26 日，最高点 14.33 元，最低点 13.46 元），之后在 K 线 b 的基础上往左推，选择第一根相对于 K 线 b 高点、低点都降低的 K 线标记为 K 线 c（2017 年 7 月 25 日，最高点 13.76 元，最低点 13.28 元），则过 K 线 c 的最低点 13.28 元作一条水平线，即为分式镜转模型的止损线（如图中蓝色虚线标识）。

可以看到，优化后的止损线比用买入当天最低价 12.71 元的方法高了 0.57 元，也就是说，这一止损位比原来的更灵敏。

移动止盈线

下面让我们来进一步优化分式镜转模型的止损线吧！

很多投资者都有坐"过山车"的经历，好不容易买进一只好股，5 块钱买进后一直拿着，涨到 20 块时继续拿着，之后又跌回 5 块。最后只能看着走势图上高高隆起的"过山车道"暗暗叹息。

其实出现这种情况是因为缺少一条合适的"止损线"。

前文中提到一种"通用型"的止损方法，也就是选择买入日最低价作为止损位，但是这种止损方法只适用于短期止损。因为一旦股价真的涨起来，就不能守着原来的止损线，止损线的灵敏程度决定了最终利益能否"落袋为安"。

最好的止损线应该是动态的，每次股价创新高，都会相应地抬高止损线，当然，当止损线脱离成本区之后就不应该叫止损线了，而应该叫止盈线。

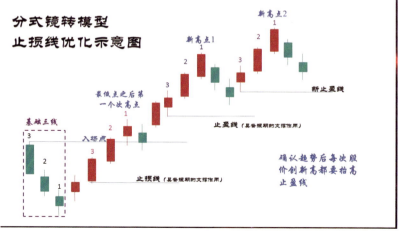

图 4.2.E　分式镜转模型止损线优化示意图

如图 4.2.E，分式镜转模型中的止损线就可以优化为动态的，我称这种动态的止损方法为移动止盈法。

移动止盈线的确立方法与止损线类似，首先需要确立基础三线（如图中紫色框线标识处），从基础三线中的 K 线 1 开始寻找次高点，找到第一个次高点（图中粉色数字 1 标识 K 线）。在粉色 K 线 1 的基础上往左推，选择第一根相对于 K 线 1 高点、低点都降低的 K 线标记为粉色 K 线 2。之后在 K 线 2 的基础上往左推，选择第一根相对于 K 线 2 高点、低点都降低的 K 线标记为粉色 K 线 3，则过粉色 K 线 3 的最低点作一条水平线就得到了分式镜转模型的止损线。

之后股价继续上涨，当新的次高点出现之后（如图中蓝色数字 1 标识 K 线处），在蓝色 K 线 1 的基础上往左推，用同样的条件找到蓝色 K 线 3。过蓝色 K 线 3 的最低点作一条水平线，因为这条水平线已经脱离成本区，则这条线即为止盈线，当股价收盘跌破止盈线时可考虑止损出局。

这里需要注意的是，止盈线与止损线一样对短期股价具有支撑作用。

若股价继续上涨，则在新的高点（如图中紫色数字 1 标识 K 线处）形成后，寻找新的止盈线。这样只要股价一直上涨，止盈线就会不断抬高，当股价跌破止盈线则落袋为安，避免了坐"过山车"的情况。

移动止盈法在实战中的表现如何呢？我们来看下面的案例：

图 4.2.F 为 300121——阳谷华泰从 2017 年 7 月 12 日到 2017 年 10 月 13 日的日 K 线走势图。图中走势是图 4.2.D 中案例的后续走势，我们可以看到图中左侧橙色虚线框标识的基础三线和两个抢入点。

图 4.2.F　阳谷华泰日 K 线走势图

　　当股价正式突破趋势转折点（即 K 线 3 最高点）之后继续上涨，此时就可以开始对走势进行跟踪了。如图所示，股价在买入点之后一直呈现高点抬高的走势，直到 2017 年 7 月 28 日的阴线才首次出现小幅调整，则此 K 线之前的一根 K 线就成了买入点之后的第一个次高点，标记为次高点 1。根据移动止盈法，在次高点 1 左侧寻找高点、低点都相对于次高点 1 降低的 K 线，标记为 K 线 b；再在 K 线 b 左侧寻找高点、低点都相对于 K 线 b 降低的 K 线，标记为 K 线 c（如图所示，次高点 1 和 K 线 b、K 线 c 之间无间隔）；在确定 K 线 c 之后，过 K 线 c 最低点 13.28 元作一条水平线，标记为止盈线 1，若股价后期收盘价跌破这一水平线即为止盈点。

　　图中可以看到，在实际的走势中，股价于 2017 年 7 月 28 日收阴之后，次日即开始继续上涨，8 月 1 日收出一根具有长上影线的小阴线，次日未创新高，收出一根阳十字星，则此处出现次高点。但根据 8 月 1 日的次高点寻找到的 K 线 c 与 K 线 b 之间间隔两根 K 线，且跨越区间过大，K 线 c 低点与止盈线 1 之间的差别不大，实战之中并无太大意义，所以不作为有效的止盈线。

继续跟踪走势的上涨，可以看到股价于 2017 年 8 月 8 日 K 线处再次出现最高点降低的情况，则 8 月 7 日为次高点，标记为次高点 2。

根据移动止盈法，在次高点 2 左侧寻找高点、低点都相对于次高点 2 降低的 K 线，标记为 K 线 b2，再在 K 线 b2 左侧寻找高点、低点都相对于 K 线 b2 降低的 K 线，标记为 K 线 c2（如图所示，次高点 2 和 K 线 b2、K 线 c2 之间无间隔）。在确定 K 线 c2 之后，过 K 线 c2 最低点 14.78 元作一条水平线，标记为止盈线 2，若股价后期收盘价跌破这一水平线即为止盈点。

在实际的走势中，股价于 8 月 7 日出现次高点之后即开始了一轮下跌，4 个交易日后（2017 年 8 月 11 日，最低价 14.60 元，收盘价 14.75 元）股价触及止盈线 2，那么此时是否应该止盈呢？我们来看一下具体的数据。根据前文可知，止盈线 2 的位置是 14.78 元，而 8 月 11 日当日最低价和收盘价都低于这个位置。因为此处的跌破是以收盘价为准，所以不考虑最低价的位置。收盘价为 14.75 元，比止盈线 2 的位置 14.78 元低 0.03 元，根据三三破位原则（注：三三破位原则是指确定股价跌破或者突破某一点位时，需要价格突破此点位的 3% 或者连续 3 天以上突破此点位才能确认突破），0.03 元小于 14.78 元的 3%（0.44 元），所以此处的跌破不被认为是有效跌破，应继续观察走势，不宜盲目止盈。

如图可知，在实际走势中，股价跌到 14.60 元之后就结束下跌开始上涨，若此时止盈则错过后面的一波利润。这里需要强调两个原则，第一个原则就是如果根据三三原则确认股价破位就要立刻止盈，不要犹豫，即使判断股价后期会回升也要遵循原则止盈；第二个原则是止盈之后无论后期股价如何上涨，除非出现明确买入点，否则不可盲目买入。

在这一波上涨中同样排除掉没有参考意义的次高点（无意义次高点的含义为，根据此次高点确认的止盈线低于前一止盈线或与前一止盈线非常接近）。2017年8月24日股价以长阴线下跌，并且高点低于前一交易日高点，则前一交易日即为次高点（2017年8月23日），标记为次高点3。根据移动止盈法，在次高点3左侧寻找高点、低点都相对于次高点3降低的K线，标记为K线b3；再在K线b3左侧寻找高点、低点都相对于K线b3降低的K线，标记为K线c3（如图所示，次高点3和K线b3、K线c3之间无间隔）；确定K线c3之后，过K线c3低点15.21元作一条水平线，标记为止盈线3，若股价后期收盘价跌破这一水平线即为止盈点。

图中可以看到，股价从次高点3开始下跌，两个交易日后即触及止盈线3（触及日K线为2017年8月25日，最低价14.78元，收盘价15.24元）。可以看到，触及止盈线3的K线是一根阳十字星，下影线很长，但收盘价离止盈线3并不远，此时需要计算是否有效突破。前文中提到止盈线3的价位是15.21元，与8月25日K线收盘价15.24元相差0.03元，小于15.21元的3%（0.46元）。根据三三原则，此处不为有效跌破，应继续跟踪，不宜止盈。

随后股价再次开始上涨，没有盲目止盈又多获得一波利润。2017年9月4日股价收出一颗阳十字星，代表多空力量均衡，次日股价不再创出新高，开始下跌，则9月4日高点即为次高点4。根据移动止盈法，我们可以在次高点4的左侧寻找到符合条件的K线b4和K线c4（如图所示，次高点4和K线b4、K线c4之间无间隔）。在确定K线c4之后，过K线c4的最低点15.42元作一条水平线，标记为止盈线4。

如图可知，在随后的走势中股价并未接近止盈线4，而是经过短暂调整之后于 2017 年 9 月 12 日再次创出新高 17.34 元，次日股价不再创出新高，则标记 9 月 12 日 K 线为次高点 5（当日最低点为 16.51 元）。确定次高点之后，根据移动止盈法，在次高点 5 左侧寻找高点、低点都相对于次高点 5 降低的 K 线。可以看到，次高点 5 左侧第一根 K 线（2017 年 9 月 11 日，最高点 16.74 元，最低点 16.30 元）符合此要求，标记为 K 线 b5。再在 K 线 b5 左侧寻找高点、低点都相对于 K 线 b5 降低的 K 线，图中可以看到，K 线 b5 左侧第一根 K 线的最低价为 16.32 元，高于 b5 最低价，不符合条件；b5 左侧第二根 K 线最高价为 17.00 元，高于 b5 最高价，同样不符合条件；直到 b5 左侧第三根 K 线（2017 年 9 月 6 日，最高点 16.60 元，最低点 16.21 元）才符合条件，标记为 K 线 c5。在确定 K 线 c5 之后，过 K 线 c5 最低点 16.21 元作一条水平线，标记为止盈线 5。若股价后期收盘价跌破这一水平线即为止盈点（如图所示，K 线 b5 和 K 线 c5 之间存在两根 K 线的间隔。一般来说，这种存在间隔的情况容易造成止盈线的降低，使次高点变得无意义。但在此处根据次高点 5 确立的止盈线明显高于止盈线 4，故次高点 5 有效）。

如图可知，股价在出现次高点 5 之后连续 3 个交易日出现下跌。2017 年 9 月 15 日（最低价 15.58 元，收盘价 15.73 元）长阴线强势跌破止盈线 5，此处用肉眼即可看出明显属于有效跌破，但谨慎些，我们仍然进行一次计算。前文提到止盈线 5 的位置是 16.21 元，高于 9 月 15 日收盘价（15.73 元）0.48 元，止盈线 5 的 3% 恰好也为 0.48 元，可判定为有效跌破（如谨慎些亦可再观察几个交易日，待收盘价与止盈线的差值大于 0.48 元时再判定跌破），应立即止盈，可以看到止盈之后股价开始进入下跌走势。

第三节　各级别分形衍生的镜转模型

前文中谈到建立分式镜转模型基础时，基础三线的确立条件是不是很让人眼熟？是不是感觉和通过分形的中位线寻找两侧分形线的条件差不多？

北宋宰相赵普曾有"半部《论语》治天下"的说法，其实半个分形也能建立模型。

半个分形

实际上分式镜转模型有许多种类，前文案例中涉及的分式镜转模型都是"五分镜转模型"，为什么叫这个名字呢？

通过下面的图片，可以一目了然。

如图 4.3.A，通过对比，可以发现构成分式镜转模型基础部分的基础三线实际上正好是包括中位线在内的半个 5 日下分形，因为是依托于半个 5 日分形建立的模型，所以被称为五分

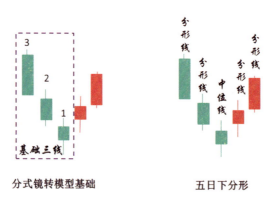

分式镜转模型基础　　　　　五日下分形

图 4.3.A　分式镜转模型与 5 日分形对比图

镜转模型。

除了五分镜转模型之外，还有三分镜转模型、七分镜转模型、九分镜转模型，等等，规律都是一样的，通过它们的名字，应该可以轻易判断出它们的形态。

如下图所示：

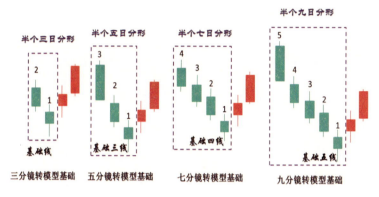

图 4.3.B　不同的分式镜转模型图

如图 4.3.B，可以根据分式镜转模型的基础部分确定其类型，由半个 X 日分形构成基础的模型就叫作 X 分镜转模型（X 为任意奇数）。

如果把前文中案例的五分镜转模型替换为三分镜转模型，就会发现其止损与止盈的机制几乎与"模型理论"系列丛书的第三册《模型理论之破译趋势基因》中描述的五段跟踪模型一模一样（但模型基础部分差别巨大）。前文中也提到，五段跟踪模型是分式镜转模型的一种变式，结合五段跟踪模型，可以更容易理解分式镜转模型。

不同的分式镜转模型之间性质略有差别，以三分镜转模型和五分镜转模型为例，相比于三分镜转模型而言，五分镜转模型更加稳定，对转折判断的准确率也更高。相应的，在灵敏度上就不如三分镜转模型了。所以三分镜转模型更加适用于周线或者月线上，而五分镜转模型则更加适用于分时线上。至于日线上，两者都比较适用，投资者可以根据所关注股票的性质来选择合适的镜转模型。

相应的自然还有七分和九分镜转模型（但最高只有九分镜转模型，原因在后面的内容中会有详细说明），规律都是一样的，感兴趣的读者可以自行推导和研究。

模型之外说模型

实际上，分式镜转模型不止止损止盈线可以优化，其买入或者卖出的方式同样可以优化。

对于分式镜转模型，尤其是由较大分形衍生出的镜转模型（如五分镜转模型、七分镜转模型、九分镜转模型等）其止盈和止损机制相较于三分镜转模型而言会稍有延迟。这些延迟一方面使模型对走势转折的判断更加严谨，但另一方面对于投资者来说也意味着利益的减少。大多数指标或者模型都存在着这样的问题，选择的参数越大，判断就会越准确，同时也越迟钝，可谓是"鱼与熊掌不可兼得"。

但是学习模型理论，最重要的一点就是把表面看来不可能的事情化为可能。分式镜转模型可以通过优化买入或者卖出方式来"兼得鱼和熊掌"。

需要注意的是，这种优化模式的原理是提供额外的买入和卖出位置，不只适用于分式镜转模型，后面要提到的衍式镜转模型也同样适用。由于这种优化方式与分式镜转模型的相性最好，所以放在这里进行阐述。

对于分式镜转模型来说，买卖点的优化最重要的就是卖点的优化，毕竟分式镜转模型的买入结构还是相当精密的。

分式镜转模型卖出点的优化需要借助一个简单的小模型，如图 4.3.C 所示：

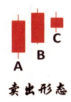

B的收盘价＞A的收盘价＋（A的最高价－A的最低价）×10%
C的收盘价＜B的收盘价－（B的最高价－B的最低价）×10%

图 4.3.C　卖出形态图

卖出形态模型由 3 根 K 线构成，构成模型的要求是这 3 根 K 线必须都是阳线，当这 3 根阳线呈现首先重心上移，之后重心下移的形态，则宣告卖出模型成立。

关于重心上移的概念可能很多投资者都不熟悉，我们不妨换一个更加具体的表达方式。

在上图中分别将连续的 3 根阳线标记为 K 线 A、B、C，其中 K 线 B 的收盘价减去 K 线 A 的收盘价，其数值如果大于 K 线 A 的区间（K 线 A 的区间是 K 线 A 最高价与最低价之间的差值）的 10%，则说明 K 线 B 的重心相比于 K 线 A 抬高超过 10%，我们称之为"重心上移"，这意味着多方力量的完胜，代表走势强劲。

判断 K 线重心上移的公式可以简化为：

B 的收盘价＞ A 的收盘价＋（A 的最高价 － A 的最低价）×10%

与之相应的，重心下移要求 K 线 B 的收盘价减去 K 线 C 的收盘价得到的数值大于 K 线 B 的区间的 10%，这说明 K 线 C 的重心相比于 K 线 A 的重心降低了超过 10%，意味着空方力量强大，走势转弱。

判断 K 线重心下移的公式可以简化为：

B 的收盘价－C 的收盘价＞（B 的最高价－B 的最低价）×10%

为了方便理解，可以变形为：

C 的收盘价＜B 的收盘价－（B 的最高价－B 的最低价）×10%

就像是两三根 K 线的组合形态不能作为判断市场变化的唯一条件一样，随着市场的不断复杂化，单独用重心上移和重心下移判断市场的准确率并不尽如人意。但是笔者发现将两者结合起来判断市场却有着相当惊人的准确率，于是就诞生了这种卖出形态模型。

具体来说，在图 4.3.C 中，当 K 线 A 与 B 之间重心上移，B 与 C 之间重心下移时，则卖出模型成立，此处可以作为卖点。

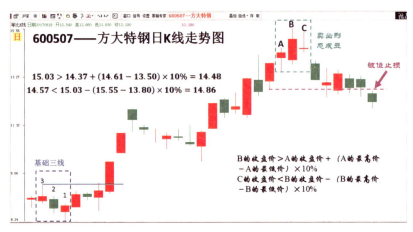

图 4.3.D　方大特钢卖出形态模型图

图 4.3.D 是 600507——方大特钢从 2017 年 7 月 7 日到 2017 年 8 月 18 日的日 K 线走势图，图中左侧股价于 2017 年 7 月 12 日出现低点 8.24 元，我们可以尝试根据这一低点建立上涨分式镜转模型。

首先是基础三线的确立，根据基础三线的规则，将最低点所在的 K 线（即 2017 年 7 月 12 日）标记为 K 线 1（如图中数字 1 标识），K 线 1 的最高点为 8.72 元，最低点为 8.24 元。根据 K 线 1 向左寻找相对于 K 线 1 高点、低点都抬高的 K 线，与 K 线 1 紧邻的小阴线为 2017 年 7 月 11 日，最高点为 8.95 元，大于 K 线 1 的最高点 8.72 元；最低点为 8.44 元，高于 K 线 1 的最低点 8.24 元，符合条件，标记为 K 线 2（如图中数字 2 标识）。再根据 K 线 2 向左寻找相对于 K 线 2 高点、低点都抬高的 K 线，图中可以看到 2017 年 7 月 10 日的小阳线是 K 线 2 左侧第一根符合此条件的 K 线，标记为 K 线 3（图中数字 3 标识）。

基础三线（如图中蓝色虚线框标识）确立之后，可以宣告分式镜转模型成立，过 K 线 3 最高点 9.30 元作一条水平线（如图中蓝色实线），当股价开始上涨时就可以开始跟踪。如图所示，股价从低点开始经过 3 个交易日的上涨之后在 2017 年 7 月 18 日以大阳线突破趋势转折点，则此时可以买入，止损点为买入当日 K 线最低点（两种止损线确立方法得到的结果是一样的）。

随后股价开始上涨，2017 年 7 月 20 日股价形成次高点，据此确定的止盈线与止损线重合。此后股价经过短暂调整继续上涨，8 月 4 日再次出现次高点，可据此将止盈线提升到 11.55 元。

随后股价继续创出新高，并于 2017 年 8 月 8 日、9 日、10 日连续 3 个交易日收阳，且 K 线形态与卖出形态模型非常接近（如图中青色虚线框标识）。如图所示，在本案例中，我们将 8 月 8 日 K 线标记为 A，将 8 月 9 日 K 线标记为 B，将 8 月 10 日 K 线标记为 C，则根据卖出形态模型，这 3 根阳线要呈现首先重心上移，之后重心下移的形态才可宣告模型成立。

根据重心上移和重心下移的概念，可将卖出形态模型的条件化为如下公式：

A、B、C 之间满足：

B 的收盘价＞A 的收盘价＋（A 的最高价－A 的最低价）×10%

且

C 的收盘价＜B 的收盘价－（B 的最高价－B 的最低价）×10%

则卖出形态模型成立，此处即为卖点。

根据公式我们可以梳理出需要的数据，K 线 A 即 2017 年 8 月 8 日的最高点是 14.61 元，最低点是 13.50 元，收盘价为 14.37 元；K 线 B 即 2017 年 8 月 9 日的最高点为 15.55 元，最低点为 13.80 元，收盘价为 15.03 元；K 线 C 即 2017 年 8 月 10 日的收盘价为 14.57 元，将数据代入公式可得：

15.03＞14.37＋(14.61－13.50)×10%＝14.48

14.57＜15.03－(15.55－13.80)×10%＝14.86

则 K 线 A、B、C 满足卖出形态模型的条件，可以判断卖点成立，需及时回避风险。

如图可知，根据 2017 年 8 月 9 日的高点计算出的止盈线位置为 2017 年 8 月 7 日最低点 12.72 元（如图中粉色虚线标识）。在实际的走势中，股价于 2017 年 8 月 18 日（最低价 11.93 元，收盘价 12.19 元）才以中阴线正式跌破这一点位，此前虽有触及止盈线的情况，但明显不符合三三原则。此处止盈线的位置是 12.72 元，比 8 月 18 日收盘价 12.19 元高出 0.53 元，止盈线的 3% 为 0.38 元，可判定为有效跌破，应立即止盈。可以看到这一止盈位比根据卖出形态模型得到的止盈位低了 2.38 元（以止盈日当天收盘价为准），晚了 6 个交易日，从时间成本和获利量上都弱于卖出形态模型，卖出形态模型在实战中的价值可见一斑。

相信通过对卖出形态模型的了解，你一定更加好奇买入／加仓模型有何神奇之处。实际上买入／加仓模型与卖出模型正好相对应，但是在介绍这种模型之前，我们最好先了解它在分式镜转模型中的意义，这将决定接下来这段内容对你的价值——买入／加仓模型与卖出模型不同。对于有些投资者来说，这个模型几乎毫无价值，或者仅能提供一些具有参考意义的位置；但是对另一些投资者来说，这个模型甚至比分式镜转模型的价值还高，甚至将会融入他们的日常操作系统中，成为不可分割的一部分。

买入／加仓模型的意义在于为投资者提供更多的选择，提供更多的买入点和加仓点，但是这对于有着不同操作风格和操作习惯的投资者来说，却不一定都是有利的。

为了确定接下来的内容对你来说有多少价值，请思考以下问题：

1. 你是否习惯于分步建仓？

买入／加仓模型对于那些喜欢逐渐建仓的投资者才有意义，而对于那些喜欢"一步到位"（虽然我认为这不是明智之选，但遗憾的是仍然有许多投资者喜欢这么做）的投资者，提供更多的买点只会让他们不知所措、自乱阵脚——对于投资者来说，很多时候并不是失败于没有选择的余地，而恰恰是失败于拥有太多选择。

2. 你是习惯长线持有还是短线操作？

对于长线投资者来说，买入点有一个就够了，甚至很多时候他们不会刻意追求一个绝佳的买入点，对于他们来说，只要买在低位就可以了。但是对于短线投资者来说，哪怕是提前一个交易日出现买入提示，也许就意味着可以多获得一根大阳线甚至是一个涨停板的利润。

3. 你是否喜欢打短差降低成本？

笔者有段时间曾研究过"缠中说禅"的一些理论观点，她曾提到自己喜欢用一种特殊的方法来降低成本，具体的方法比较复杂，也与模型理论无关，这里就不多做赘述。其核心思路是不断通过打短差来降低成本，并且每有收获就按照一定的比例抽出资金，最终将所有的成本全部抽出，在市场中翻滚的就只剩下利润，无论如何也不会造成亏损。

在市场中，很多投资者喜欢通过打短差来降低成本，打短差的时候就需要频繁的小金额买卖操作，更多可靠的买入和卖出提示是非常有价值的，而这种买入／加仓模型和卖出模型就可以胜任这一"工作"。

回答了上述三个问题之后，如果你认为买入／加仓模型对你来说有相当的价值，那么就让我们进入这一模型的学习，如图4.3.E 所示：

A　B　C

买入形态

B的收盘价＜A的收盘价－（A的最高价－A的最低价）×10%
C的收盘价＞B的收盘价＋（B的最高价－B的最低价）×10%

图 4.3.E　买入／加仓模型图

前文提到，买入模型与卖出模型实际上是相对应的，卖出模型是由 3 根阳线组成的，而买入／加仓模型则是由 3 根阴线构成的。当这 3 根阴线呈现首先重心下移，之后重心上移的形态，则宣告买入／加仓模型成立。

首先将 3 根连续的阴线标记为 A、B、C，我们知道在上图中当 K 线 A 与 B 之间重心下移，B 与 C 之间重心上移，则买入／加仓模型成立。那么根据前文中提到的重心上移和重心下移的概念，可以得出上图中模型形态的表述方式，即买入／加仓模型要求 K 线 A 的收盘价减去 K 线 B 的收盘价得到的数值大于 K 线 A 的区间的 10%，可以简化为如下公式：

判断 K 线重心下移的简化公式：

B 的收盘价＜A 的收盘价－（A 的最高价－A 的最低价）×10%

同时模型要求 K 线 C 的收盘价减去 K 线 B 的收盘价得到的数值大于 K 线 B 的区间的 10%，可以简化且变形为如下公式：

判断 K 线重心上移的简化公式：

C 的收盘价＞B 的收盘价＋（B 的最高价－B 的最低价）×10%

当买入／加仓模型成立时，该位置可以作为买入点或者加仓点来进行操作。

如下图所示：

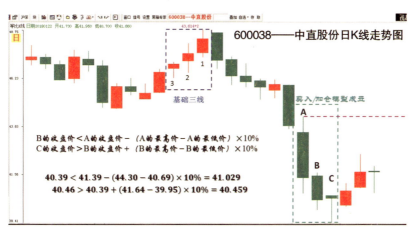

图 4.3.F　买入／加仓模型买入案例图

图 4.3.F 是 600038——中直股份从 2017 年 12 月 18 日到 2018 年 1 月 22 日的日 K 线走势图，图中左侧股价于 2018 年 1 月 4 日出现高点 48.75 元，我们可以尝试根据这一高点建立下跌分式镜转模型。

首先是基础三线的确立。根据基础三线的规则，将最高价所在的 K 线（即 2018 年 1 月 4 日）标记为 K 线 1（如图中数字 1 标识），K 线 1 的最高点为 48.75 元，最低点为 47.30 元。根据 K 线 1 向左寻找相对于 K 线 1 高点、低点都降低的 K 线，与 K 线 1 紧邻的小阳线为 2018 年 1 月 3 日，最高价为 48.03 元，小于 K 线 1 最高价 48.75 元；最低价为 46.51 元，低于 K 线 1 最低价 47.30 元，符合条件，标记为 K 线 2（如图中数字 2 标识）。再根据 K 线 2 向左寻找相对于 K 线 2 高点、低点都降低的 K 线，图中可以看到 2018 年 1 月 2 日的小阳线是 K 线 2 左侧第一根符合此条件的 K 线，标记为 K 线 3（图中数字 3 标识）。

基础三线（如图中蓝色虚线框标识）确立之后，可以宣告分式镜转模型成立，当股价开始下跌时就可以开始跟踪。如图所示，股价从最高点开始下跌之后一路连阴下跌，我们发现 2018 年 1 月 15 日、16 日、17 日 3 根连续的阴线形态与买入／加仓模型的形态非常接近（如图中青色虚线框标识）。如图所示，在本案例中，我们将 1 月 15 日 K 线标记为 A，将 1 月 16 日 K 线标记为 B，将 1 月 17 日 K 线标记为 C，根据买入／加仓模型，这 3 根阴线要呈现首先重心下移，之后重心上移的形态才可宣告模型成立。

根据重心上移和重心下移的概念，可将卖出形态模型的条件简化为如下公式：

A、B、C 之间满足：

B 的收盘价＜A 的收盘价－（A 的最高价－A 的最低价）×10%

且

C 的收盘价＞B 的收盘价＋（B 的最高价－B 的最低价）×10%

则买入／加仓模型成立。

根据公式我们可以梳理出需要的数据，K 线 A 即 2018 年 1 月 15 日的最高点是 44.30 元，最低点是 40.69 元，收盘价为 41.39 元；K 线 B 即 2018 年 1 月 16 日的最高点为 41.64 元，最低点为 39.95 元，收盘价为 40.39 元；K 线 C 即 2018 年 1 月 17 日的收盘价为 40.46 元，将数据代入公式可得：

$$40.39＜41.39-(44.30-40.69)×10\%=41.029$$
$$40.46＞40.39+(41.64-39.95)×10\%=40.459$$

则 K 线 A、B、C 满足买入／加仓模型的条件，由于前期走势中没有出现买入点，则此时是买入机会，可以考虑在此建仓。

从图中可以看到，股价在买入／加仓模型成立之后立刻开始上涨，K 线 C 就是低点。我们再来看一下买入／加仓模型的优越性。

因为 K 线 C 的位置才出现低点，所以可以考虑根据新的低点建立上涨分式镜转模型。则 K 线 A 的高点为趋势转折线，根据买入／加仓模型，可以买在最低点，我们可以通过这一案例来证明买入／加仓模型在实战中的价值。

实际上买入／加仓模型也可能在上涨或者下跌走势的中段成立，一旦确认买入／加仓模型成立，若在上涨走势中则可以判断马上将会出现加速上涨，若在下跌走势中则可以判断会出现反弹甚至反转。

如下面的案例：

图 4.3.G 是 600050——中国联通从 2016 年 9 月 22 日到 2016 年 12 月 1 日的日 K 线走势图。图中可以看到，股价从最低点开始一路上涨，2016 年 10 月 19 日随着 K 线收出长长的上影线，

股价从这一天开始进入横盘走势（如图中紫色箭头标识）。

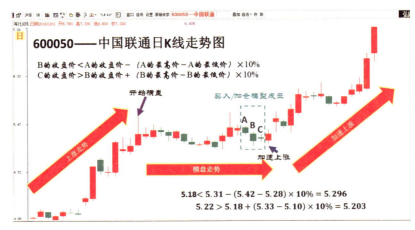

图 4.3.G　买入／加仓模型加仓案例图

　　如图所示，图中用红色箭头标识了走势的变化，走势在横盘趋势运行了 16 个交易日之后，我们发现 2016 年 11 月 8 日、9 日、10 日 3 根连续的阴线形态与买入／加仓模型的形态非常接近（如图中青色虚线框标识）。如图所示，在本案例中，我们将 11 月 8 日 K 线标记为 A，将 11 月 9 日 K 线标记为 B，将 11 月 10 日 K 线标记为 C，则根据买入／加仓模型，这 3 根阴线要呈现首先重心下移，之后重心上移的形态才可宣告模型成立。

　　根据重心上移和重心下移的概念，可将卖出形态模型的条件化为如下公式：

　　A、B、C 之间满足：

B 的收盘价＜A 的收盘价－（A 的最高价－A 的最低价）×10%

且

C 的收盘价＞B 的收盘价＋（B 的最高价－B 的最低价）×10%

　　则买入／加仓模型成立。

根据公式我们可以梳理出需要的数据，K 线 A 即 2016 年 11 月 8 日的最高点是 5.42 元，最低点是 5.28 元，收盘价为 5.31 元；K 线 B 即 2016 年 11 月 9 日的最高点为 5.33 元，最低点为 5.10 元，收盘价为 5.18 元；K 线 C 即 2016 年 11 月 10 日的收盘价为 5.22 元，将数据代入公式可得：

$$5.18 < 5.31 - (5.42 - 5.28) \times 10\% = 5.296$$
$$5.22 > 5.18 + (5.33 - 5.10) \times 10\% = 5.203$$

则 K 线 ABC 满足买入／加仓模型的条件。由于前期走势中有一段上涨的走势，若提前建立模型，应早有买入点，此时若未提前出局则是加仓机会，可以考虑在此加仓。

可以看到，在实际的走势中，股价正是在加仓／买入模型结束之后开始了加速上涨的走势（如图中蓝色箭头标识）。

在本案例中，股价在上涨趋势中出现加仓／买入模型形态的走势之后，由原本的横盘走势立即进入了加速上涨的走势，印证了前文提到的"一旦确认买入／加仓模型成立，若在上涨走势中则可以判断马上将会出现加速上涨"这一规律。

模型加油站　分式镜转模型

分式镜转模型的魅力在于它可以很简单，也可以很复杂，在不同的人手中，它能够发挥不同的价值。它更像是一把应用性极好的枪械，既可以随着使用者的需要进行参数的调整，也可以加装各种瞄准镜、消音器等外挂设备（此处的"外挂设备"不仅仅指本章中提到的买入以及卖出模型，在接下来的阐述中笔者还将介绍更多的"外挂式"模型，并且随着研究的深入，研究者也可以自行寻找和建立合适的"外挂"模型）。

简单并且实用、可靠是我对分式镜转模型的评价，如果你能熟练地将其应用于股市，想必就会对其可靠性和实用性深有体会。但是简单这个评价却是相对于衍式镜转模型而言的，分式镜转模型与衍式镜转模型之间的关系更像是一对兄弟，他们非常相似，但又各有不同。相比而言，作为"哥哥"的分式镜转模型更加容易被理解，而作为"弟弟"的衍式镜转模型则更加精密而准确。

可以说，掌握分式镜转模型是学习衍式镜转模型的基础。

现在，基础已经建好，让我们开始下一步吧！

第五章 衍式镜转模型

最近我在教儿子读一本书，名字叫作《爱丽丝镜中游记》，讲的是一个叫爱丽丝的小女孩走进镜子中，遭遇时光倒流之后发生的一连串神奇故事。

这个情节引发了我的思考，如果找到一面合适的镜子，能否让股市中的时与空发生倒流呢？

第一节 "镜子"的选择

不知道你是否玩过哈哈镜？同一个人，同一张脸，在不同的镜子面前，倒映出的是完全不一样的影子。

——导读

西方有一句名言："有一千个读者就有一千个哈姆雷特。"同一个故事，每个人读来都有一份独一无二的感悟。人心就像是一面镜子，同样的故事，倒映在不同的人心中，是完全不同的感受。

关键在于，选择什么样的镜子。

唐太宗说："以史为鉴，可以知兴替。"道氏理论也认为历史在不断重演。

镜转模型研究的，就是将历史的走势放在合适的镜子中，倒映未来。分式的概念是一种镜子，衍式的概念则是另一种镜子。

这种表述方式或许太过于抽象，为了更好地理解两种模型之间的区别，我们不妨引入"模型核心"的概念来进行阐述。所谓"模型核心"，就是把一个模型一次次地进行简化，直到最后无法再继续简化时得到的形态（因为模型核心不一定是个模型，甚至不一定是以 K 线形态存在的，可能是以抽象的线条来代表模型的某些部分，所以这里只能用"形态"这个词来代指），我们就可以把模型核心理解为"模型的源头"（在研究模型理论时，寻找模型核心也是一项重要的基本功，但是通过模型找到核心的方法阐述起来比较复杂，所以在这里不做详细论述）。

比如把分式镜转模型无限简化的话，就会得到一个完全对称的简单分形（如图 5.1.A 中左侧图形），这个分形就是分式镜转模型的模型核心，通过其核心我们可以知道建立这个模型的核心理念；而如果把衍式镜转模型无限简化的话，却只能得到一个抽象的形态，如图 5.1.A 中右侧图形所示：

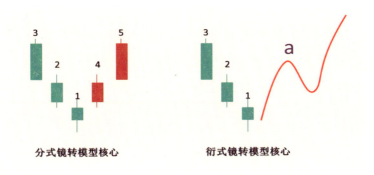

分式镜转模型核心　　　　　衍式镜转模型核心

图 5.1.A　两种镜转模型的核心图

　　图中绿色部分代表的是股价历史的走势，而红色部分代表模型倒映出的结果。可以看到，根据镜面倒影的原理，同样是倒影左侧的 3 根绿色 K 线，同样是以 K 线 1 为最低点预测上涨，但两种模型倒映出的红色部分最终却大不一样，我们可以通过这种模型核心的对照直观地理解两种模型之间的区别。

　　也许你会好奇为什么我要浪费这么多的篇幅，用这么多种方式来阐述两种模型之间的区别？因为我认为，这是十分有必要的——我见过许多初学者因为混淆了两种模型的性质而给自己造成了相当大的麻烦，我不得不三番五次地指出他们的错误并给他们证明，并不是模型不准，而是他们没有认识到两种模型之间的差别。

　　所以你必须理解分式镜转模型与衍式镜转模型的差别，如果你还没有做到这一点，请不要开始衍式镜转模型的学习，经验告诉我，这也许会让你"走火入魔"。

第二节　镜转模型的千重影

　　学过分式镜转模型之后，你一定不难理解上一节中展示的模型核心——因为那几乎就是一个微型的分式镜转模型，但是，是什么原因造成衍式镜转模型的核心那么奇怪呢？

——导读

　　首先回答在前文中提出的问题：是什么原因造成衍式镜转模型的核心那么奇怪呢？

　　模型核心所体现的是模型最核心的理念，一般来说，除了模型基础会用 K 线来表示之外，其他的部分可能会用代表无限可能的线条或者符号来代替（当然这种代替是有一定规律的，比如你在模型核心中看到一个竖立的大于号，则代表在模型中这个地方是一个完整的分形，而波浪形的线条则代表无限延伸的走势）。

　　在衍式镜转模型的核心中，红色的线条部分代表上涨的走势，需要注意的是，虽然红色线条只显示了一波上涨，但是用线条代表的走势是可以无限延伸的，也就是说，这个地方代表着无数波上涨，如下图所示：

　　衍式镜转模型的基础与分式镜转模型的基础一模一样，同样是由半个分形构成，图 5.2.A 中所显示的是五衍式镜转模型（衍式镜转模型中最具实用价值的是九衍式镜转模型，这一模型在后文中会有详细讲解，目前为了便于理解，我们还是从五衍式镜转模型开始谈起）。同样，图中 K 线 1 是走势的低点，并且 K 线 2

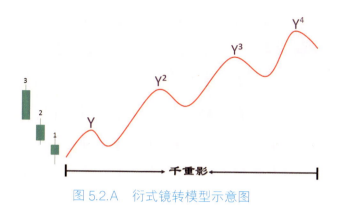

图 5.2.A　衍式镜转模型示意图

相对于 K 线 1 高点、低点都抬高；同时，K 线 3 相对于 K 线 2 高点、低点都抬高，K 线 1、2、3 构成了基础 3 线。其基础三线的构成和性质与分式镜转模型相同，同样允许出现间隔，同样可以用来判断股性是否活跃（具体判断方式见本书第四章第一节模型基础部分）。

　　可以看到，通过图中绿色部分三根 K 线的历史走势，衍式镜转模型可以预测后期的无数波上涨的高点，衍式镜转模型这一名字的由来正是由于它的这种性质——它可以由简单的历史走势几乎无限地预测未来的点位。

　　衍式镜转模型的这一性质，我称之为"千重影"，因为每一个红色线条的高点都是绿色部分历史走势的倒影。

　　K 线 1 之后第一个"高点"（注意这一高点并非代指实际高点，而是指通过历史走势倒映出来的点位）称之为第一重影，标记为 Y^1，同理第二重影标记为 Y^2，随后的高点依次标记为 Y^3–Y^X。

千重影的求解

　　很多研究者一看到名字里带"百""千"之类的模型就头疼，因为这种模型往往意味着大量的计算。

　　其实需要大量计算的模型，很多都是可以进一步完善的，因为这世间的道理都是可以提纲挈领，一言以蔽之的。

千重影自有其计算方式，并且规律明显，并不复杂，每一重影的计算公式都是类似的，如下图所示：

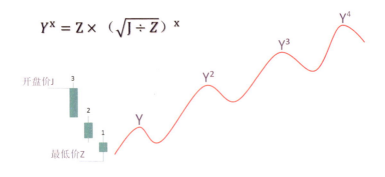

$$Y^x = Z \times (\sqrt{J \div Z})^x$$

图 5.2.B　上涨分式镜转模型示意图

如图所示，衍式镜转模型的千重影计算公式需要用到两个数据，即基础三线的最低价 Z 与最高开盘价 J（Z 是 K 线 1 的最低价，J 是 K 线 3 的开盘价），我们用来代表 Y^1 到 Y^x 之间的任意重影的位置，x 为大于等于 1 的任意整数。

之所以用 Z 和 J 这两个字母来代指这两个位置，是因为 K 线 3 的开盘价是衍式镜转模型千重影所倒映的基础，所以被称为"镜"，用字母 J 表示；而 K 线 1 的最低价是走势出现转折的点，故而被称为"转"，用字母 Z 表示，镜转模型的名称由此而来。

在衍式镜转模型中，千重影的计算公式为：

$$Y^x = Z \times (\sqrt{B \div Z})^x$$

这一公式在实战中的适用原则是，当模型成立之后，股价或指数从最低点开始上涨，计算第一个重影 Y^1 的位置。若此位置被突破，则计算下一重影的位置。若股价或指数的上影线或实体接触到重影的位置之后转折向下，即可确认高点形成。

与分式镜转模型一样，衍式镜转模型也分为用来预测高点的"上涨衍式镜转模型"和用来预测低点的"下跌衍式镜转模型"两种，图 5.2.B 中展示的就属于"上涨衍式镜转模型"。与分式镜转模型不同的是，"下跌衍式镜转模型"在国内的市场中具备相当的实用价值，在本书中也会进行重点阐述。

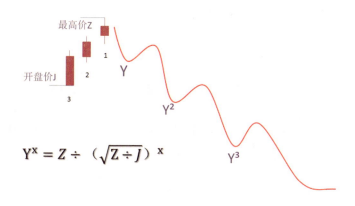

图 5.2.C　下跌衍式镜转模型示意图

　　图 5.2.C 为下跌衍式镜转模型的示意图，图中基础三线由 3 根高点、低点相对抬高的 K 线组成，标记最高点所在 K 线为 K 线 1，K 线 2 处于 K 线 1 左侧且相对于 K 线 1 高点、低点都降低；同时，K 线 3 处于 K 线 2 左侧且相对于 K 线 2 高点、低点都降低。

　　下跌衍式镜转模型同样具有"千重影"，其计算公式需要两个数据，即基础三线的最高价 Z 和最低开盘价 J（Z 是 K 线 1 的最高价，J 是 K 线 3 的开盘价），同样用来代表 Y^1 到 Y^x 之间的任意重影的位置，x 为大于等于 1 的任意整数。

　　则下跌衍式镜转模型千重影的计算公式为：

$$Y^x = Z \div (\sqrt{Z \div J})^x$$

　　如图 5.2.C 所示，当模型成立之后，股价或指数开始下跌，计算第一个重影 Y^1 的位置。若该位置被跌破，则计算下一重影的位置，若股价或指数的下影线或实体接触到重影的位置之后转折向上，即可确认低点的形成。

我们来看一下实际的案例，如下图：

图 5.2.D　上证指数衍式镜转模型实战图

上图为上证指数从 2017 年 10 月 16 日到 2017 年 12 月 11 日 3 个月间日线级别共 41 个交易日的走势图。

在图中可以看到，上证指数经过一段时间的运行之后，在 2017 年 11 月 3 日（图中数字 1 标识 K 线处）出现低点 3347.36 点。当指数开始上涨，低点得到确认之后，我们就可以开始尝试建立上涨衍式镜转模型。

第一步是基础三线的确立。我们以 11 月 3 日最低点所在 K 线为 K 线 1，接下来向左侧寻找相对于 K 线 1 高点、低点都抬高的 K 线 2，可以看到紧邻 11 月 3 日 K 线的一根 K 线（即 11 月 2 日的 K 线）恰好符合要求，标记为 K 线 2。根据同样的条件，我们可以找到 11 月 1 日的 K 线为 K 线 3，至此基础三线得到确立（如图中粉色虚线框标识处）。

确立基础三线之后，可以得到 K 线 3 的开盘价 J=3393.97

点（如图中橙色对话框标识），K 线 1 的最低价 Z＝3347.36 点（如图中蓝色对话框标识）。则我们可以根据公式 $Y^X = Z \times (\sqrt{B \div Z})^X$ 计算出"千重影"的位置，来预测后市指数上涨的高点。

将数据代入公式可得：

$$Y^1 = 3347.36 \times (\sqrt{3393.97 \div 3347.36})^1 = 3370.58$$

上述公式计算结果采取四舍五入保留小数点后两位的原则，本书中所有计算结果如无特殊说明均采取这种原则。

则我们可以得到预测高点 Y^1 的点位是 3370.58 点，从图中的走势我们可以看到，这个点位在指数上涨之初即被突破，此时需要计算 Y^2 的目标位。

将数据代入公式可以求得 Y^2 的位置：

$$Y^2 = 3347.36 \times (\sqrt{3393.97 \div 3347.36})^2 = 3393.97$$

通过计算，我们知道 Y^2 的目标位是 3393.97 点，相信细心的读者也留意到了，这个点位与 K 线 3 的开盘价完全一致。对于三衍式镜转模型来说，千重影中的第二重影都会与 K 线 3 的开盘价完全相同，这种规律是由分形的性质所决定的。我们可以从数学的角度来理解这一现象，Y^2 的计算公式为：

$$Y^2 = Z \times (\sqrt{J \div Z})^2$$

将这一公式逐步简化如下：

$$Y^2 = Z \times (\sqrt{J \div Z})^2$$
$$Y^2 = Z \times J \div Z$$
$$Y^2 = J$$

所以 Y^2 的值与 J 的值完全相同，如果不追求精确的话，在上涨趋势中用 K 线 3 的开盘价作为第一个高点的预测位（或者股价上涨的第一个压力位）也是一个明智的做法。因为一般来说，Y^1 处出现转折的概率相对较低，可以通过这种方式省略简化的环节。

回到我们的案例，从图 5.2.D 中可知，上证指数经过两个交易日的上涨之后，于 2017 年 11 月 7 日强势突破 3393.97 点，但最终受到压力回落，收盘于 3413.57 点。很显然，这属于有效突破，那么此时我们需要计算第三重影 Y^3 的目标位：

将镜（J）和转（Z）的值代入公式可得：

$$Y^3 = 3347.36 \times (\sqrt{3393.97 \div 3347.36})^3 = 3417.51$$

在实际的走势中，上证指数突破了 Y^2 的目标位之后继续上涨，2017 年 11 月 8 日即突破了 Y^3 的目标位 3417.51 点，随后指数受压下跌，最终收盘于 3415.46 点。这一点位在 Y^3 目标位之下，也就是说 2017 年 11 月 8 日的 K 线只有上影线接触了千重影目标位，这种情况简称为"触位"[1]。当走势中出现"触位"的情况时，投资者需要格外留意转折发生的可能。

这时候我们需要做两手准备，如果次日指数下跌，那么此处很可能成为高点，应当积极回避风险；如果次日指数继续上涨，突破 Y^3 的目标位，则需计算下一重影 Y^4 的目标位。

实际的走势是次日指数继续上涨，强势突破 3417.51 点，此时我们需要计算下一重影 Y^4 的目标位。

将数据代入公式可以求得 Y^4 的位置：

$$Y^4 = 3347.36 \times (\sqrt{3393.97 \div 3347.36})^4 = 3441.22$$

上证指数连续上涨 5 个交易日后，于 2017 年 11 月 13 日首次触及 3441.22 点，并最终收盘于 3447.84 点，超出 Y^4 目标位 7 个点。此时我们要做两手准备，一方面将数据代入公式，计算出第五重影 Y^5 的点位作为下一个目标位；另一方面，若次日指数受压下跌，则做好止损的准备。

---

[1] 触位的准确概念是某日 K 线仅有影线（包括上影线和下影线）接触到千重影目标位的情况。

在实际的走势中，指数于下一个交易日 11 月 14 日开始下跌，在随后的 17 个交易日中，上证指数一共下跌了近 200 个点位（实际值是 198.88 点）。如果善用衍式镜转模型，就可以提前规避此次风险。

值得注意的是，在这一波下跌中指数于 2017 年 11 月 20—22 日连续 3 个交易日出现大幅反弹，反弹的高点为 3342.18 点（如图中粉色对话框标识），上影线触及 Y^4 目标位 3441.22 点之后迅速开始下跌。所以当股价或者指数突破或者跌破千重影的目标位或者在千重影的目标位出现转折之后也不要忽略其价值，它们在短期内仍是支撑与压力的重要参考位置。

这只是一个简单的衍式镜转模型案例，并没有涉及下跌衍式镜转模型，也体现不出衍式镜转模型的许多性质。接下来，我将用大量篇幅结合案例来阐述衍式镜转模型的使用方法。

第三节　衍式镜转模型实战

衍式镜转模型的另一种使用模式。

衍式镜转模型在实战中的使用模式有两种，一种是短线转折的预判，就像是图 5.2.D 中的案例一样；另外一种是长期趋势中次级运动起始点位的把握（包括长期上涨趋势中的调整点以及长期下跌趋势中的调整点）。对于投资者来说，这种对于走势长期的把握无疑更有价值，那么这种模式是如何实现的呢？我们来看下面一个案例。

$$Y^1 = 2638.30 \times (\sqrt{2934.08 \div 2638.30})^1 = 2782.26$$

$$Y^2 = 2638.30 \times (\sqrt{2934.08 \div 2638.30})^2 = 2934.08$$

$$Y^3 = 2638.30 \times (\sqrt{2934.08 \div 2638.30})^3 = 3094.18$$

图 5.3.A　上证指数日 K 线走势图

　　图 5.3.A 是上证指数从 2016 年 1 月 22 日到 2016 年 4 月 21 日 3 个月间的日 K 线走势图。在图中可以看到，上证指数经过一段时间的运行之后，在 2016 年 1 月 27 日（图中数字 1 标识 K 线处）出现低点 2638.30 点。当指数开始上涨，低点得到确认之后，我们就可以开始尝试建立上涨衍式镜转模型。

　　首先需要确立基础三线，我们以最低点所在 K 线（2016 年 1 月 27 日）为 K 线 1，接下来向左侧寻找相对于 K 线 1 高点、低点都抬高的 K 线 2，和相对于 K 线 2 高点、低点都相对抬高的 K 线 3，可以看到紧邻着 K 线 1 的两根 K 线恰好符合 K 线 2 和 K 线 3 的条件，则可以确立这三根 K 线为基础三线（如图中粉色虚线框标识处）。

　　前文中提到，我们可以用基础三线的形态来判断股票的股性是否活跃，这一性质在指数上同样适用。

　　基础三线之间不存在间隔，具有相当的连续性，说明指数目前相当活跃，其空间距离我们也可以通过简单的计算得出结果。

　　一般来说，基础三线的区间（最高点与最低点的距离）大于 K 线 1 的实体（开盘价与收盘价的距离）的两倍为佳。区间越大预示着反转之后上涨或下跌的速度越快，幅度越大。

在本案例中，基础三线的区间等于 K 线 3 的最高点与 K 线 1 的最低点之间的差值，即：

$$2955.78 - 2638.30 = 317.48$$

而 K 线 1 的实体长度等于 K 线 1 的开盘价与收盘价的差值，即：

$$2756.08 - 2735.56 = 20.52$$

前者是后者的 15.47 倍，可以判断指数当前的走势相当活跃，涨跌幅度都会较大，对转折点的判断更加重要。

一般来说，只有股价或者指数非常活跃的情况下，衍式镜转模型才适合被用来把握次级运动的起始点位。

确立基础三线之后，可以得到 K 线 3 的开盘价 J=2934.08 点（如图中橙色对话框标识），K 线 1 的最低点 Z=2638.30 点（如图中蓝色对话框标识）。则我们可以根据公式计算出"千重影"的位置，来预测后市指数上涨的高点。

将数据代入公式可以计算出第一重影 Y^1 的位置为：

$$Y^1 = 2638.30 \times \sqrt{2934.08 \div 2638.30}\ )^1 = 2782.26$$

在指数的实际走势中，我们可以看到，指数从低点 2638.30 一路震荡上涨，2016 年 2 月 4 日跳空高开，最高点为 2793.30，上影线触及 Y^1（2782.26 点）的位置，最后收盘于 2781.02 点。这种仅有上影线触及目标位的情况是最值得投资者警惕的，我们必须要做好指数调整的准备。

随后的走势无疑证明了我们的预测结果，指数在两个交易日内最低跌到了 2682.09 点。若是没有掌握衍式镜转模型，或许难以避免这次风险。

随后指数从 2682.09 点开始上涨，因为这一点位高于 K 线 1 的最低点 2638.30，所以无须重新建立模型。当指数于 2016 年 2

月 16 日以长阳线突破 Y^1（2782.26 点）的位置时，我们就可以继续关注接下来的走势了。若是在个股中，Y^1 被突破的位置可以作为入场点或者加仓点。

当确认 Y^1 被突破之后，则需要计算下一重影 Y^2 的目标位，将数据代入公式可求得 Y^2 的点位：

$$Y^2 = 2638.30 \times \sqrt{2934.08 \div 2638.30})^2 = 2934.08$$

在图中我们可以看到，上证指数突破了 Y^1 之后继续上涨，4 个交易日后于 2016 年 2 月 22 日接近 Y^2 目标位 2934.08 点，当日最高价为 2933.96 点，与目标点位相差不到一个点。

这时候就需要研究者灵活掌握，当出现这种稍差一点没有触及目标位的情况，谨慎的投资者可以考虑要不要观望，看后期是否会有触位下跌或者破位上涨的走势。但是当走势如本案例中这样在次日出现下跌之后还不"走为上计"，一定要等出现触位或者突破的情况的话，就有些迂腐了。

这里需要提醒的是，随着研究的深入，研究者对模型的掌握会逐渐变得灵活，但是初学者切勿在使用模型时过度掺杂自己的想法，需牢记"尽信书不如无书，尽信己不学无术"的宗旨。

在本案例中，指数在极度接近 Y^2 目标位之后，在目标位附近"挣扎"了一番之后，于 2016 年 2 月 25 日出现巨幅下跌，数个交易日内最低跌到了 2638.96 点（2017 年 2 月 28 日最低点），甚至跌破了前期的次低点，未能及时回避，则难免遭受损失。

同时由于本次低点仍然未能跌破 Z 值 2638.30 点，则不需建立新的模型，当指数突破 Y^2 目标位时仍可继续跟踪。

图中可以看到，指数在 2934.08 点之下经过一番震荡上涨之后，终于在 2016 年 3 月 18 日强势突破这一点位。此时可以开始计算下一重影 Y^3 的位置，将数据代入公式可得：

$$Y^3 = 2638.30 \times \sqrt{2934.08 \div 2638.30})^3 = 3094.18$$

则 Y^3 的目标位是 3094.18 点，如图 5.3.A 所示，指数突破 2934.08 点之后经过 18 个交易日的震荡上涨，于 2016 年 4 月 13 日触及 Y^3 目标位，当日最高点为 3097.16 点。随后指数受压下跌，收盘于 3066.64 点，是标准的上影线触位，此时需要警惕风险的来临。

随后股价受压开始下跌，之后应尽快回避风险。在随后的 21 个交易日中，指数一路震荡下跌超过 200 个点位，投资者可根据衍式镜转模型规避此次风险。

在本案例中，上证指数的走势相当活跃，在长期的上涨趋势中，每次触及衍式镜转模型中千重影的目标位就会出现幅度较大的回调。通过衍式镜转模型，在这种走势中可以帮助我们规避大量的风险。

这就是衍式镜转模型的第二种应用模式。需要注意的是，这种应用模式只适用于股价或者指数相对活跃并且整体呈单边的走势中。

当指数开始大幅度的下跌之后，我们就可以通过建立下跌衍式镜转模型来把握走势的变化，仍然以这只股票的后续走势为例，如图 5.3.B 所示：

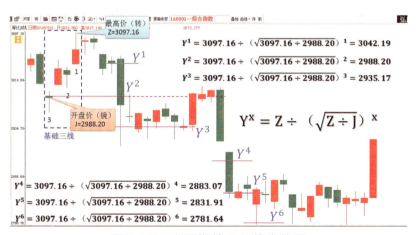

$$Y^1 = 3097.16 \div (\sqrt{3097.16 \div 2988.20})^1 = 3042.19$$

$$Y^2 = 3097.16 \div (\sqrt{3097.16 \div 2988.20})^2 = 2988.20$$

$$Y^3 = 3097.16 \div (\sqrt{3097.16 \div 2988.20})^3 = 2935.17$$

$$Y^X = Z \div (\sqrt{Z \div J})^X$$

$$Y^4 = 3097.16 \div (\sqrt{3097.16 \div 2988.20})^4 = 2883.07$$

$$Y^5 = 3097.16 \div (\sqrt{3097.16 \div 2988.20})^5 = 2831.91$$

$$Y^6 = 3097.16 \div (\sqrt{3097.16 \div 2988.20})^6 = 2781.64$$

图 5.3.B　上证指数日 K 线走势图

这次我们选取的是上证指数 2016 年 4 月 6 日到 5 月 31 日之间的日 K 线走势图，当指数触及下跌衍式镜转模型的第三重影 Y^3 之后开始下跌的这段走势。

依据这段走势来建立模型，第一步要先确立基础三线的位置。图中我们可以很明显地看到，指数触及 Y^3 的那根 K 线即为高点，我们可以将之确立为 K 线 1；这根 K 线是 2016 年 4 月 13 日的走势，设最高点 3097.16 点为 Z，向左侧开始计数，第一根相对于 K 线 1 高点、低点都降低的 K 线是 2016 年 4 月 12 日的 K 线，标记为 K 线 2；继续向左侧计数，相对于 K 线 2 第一根高点、低点都降低的 K 线是 2016 年 4 月 8 日的 K 线，标记为 K 线 3（K 线 2 与 K 线 3 之间间隔了 2016 年 4 月 11 日的 K 线），则可以确立下跌衍式镜转模型的基础三线（如图中蓝色虚线框标识）。

确立基础三线之后，可以得到 K 线 3 的开盘价 J＝2988.20 点（如图中橙色对话框标识），K 线 1 的最高点 Z＝3097.16 点（如图中蓝色对话框标识）。我们可以根据公式计算出"千重影"的位置，来预测后市指数下跌的低点或者反弹的起始点。

需要注意的是，下跌衍式镜转模型的千重影计算公式与上涨衍式镜转模型的计算公式并不相同，同样的符号"Z"所代表的含义虽然都是"转"，但是在下跌衍式镜转模型中代表的是最高价而非最低价。

我们将 Z 和 J 的数值代入下跌衍式镜转模型的千重影计算公式 $Y^X = Z \div (\sqrt{Z \div J})^X$，可以得到 Y^1 的目标位：

$$Y^1 = 3097.16 \div (\sqrt{3097.16 \div 2988.20})^1 = 3042.19$$

在指数的实际走势中，我们可以看到，指数从高点 3097.16 开始下跌，2016 年 4 月 18 日跳空低开，指数首次触及目标位，随后 19 日更是长下影线下探，收盘于目标位之上，可见目标位的支撑作用。

此时投资者需要做好两手准备，若之后指数开始上涨，则是介入的好时机；若随后指数强势跌破 3042.19 点，则应计算下一重影 Y^2 的目标位。

在实际的走势中，上证指数于 2016 年 4 月 20 日强势跌破 Y^1 目标位，长阴线下跌收盘于 2972.58 点，则此时应该开始计算第二重影 Y^2 的目标位。

将数据代入公式可求得 Y^2 的目标位为：

$$Y^2 = 3097.16 \div (\sqrt{3097.16 \div 2988.20})^2 = 2988.20$$

在图 5.3.B 中，我们可以看到，上证指数跌破 Y^1 目标位当天的大阴线，也顺势跌破了 Y^2 目标位。次日指数收出一根阴十字星，最高点 2990.67，恰好触及 Y^2 目标位受压回落，并且在后期的走势中，在 2016 年 5 月 3 日、4 日、5 日、6 日连续 4 个交易日都受到这一目标位的压力作用，最终回落。所以不要以为下跌衍式镜转模型中的千重影位置就只能判断是否低点或者发挥支撑作用，其压力作用同样不可忽视。

按照惯例，当确定指数跌破第二重影 Y^2 的目标位 2988.20 点之后，我们就需要计算第三重影 Y^3 的目标位。

将数据代入公式可求得：

$$Y^3 = 3097.16 \div (\sqrt{3097.16 \div 2988.20})^3 = 2935.17$$

同样是 2016 年 4 月 20 日的长阴线，跌破 Y^1 和 Y^2 目标位之后，又接触 Y^3 的目标位之后受到支撑，最终收盘于 2972.58 点，只有长下影线接触到了目标位，属于"触位"现象。此时需要留意指数有反弹的机会，但同时也要做好次日指数继续下跌、跌破目标位的准备。图中可以看到，指数在 2016 年 4 月 21 日与 5 月 6 日之间出现了数波小幅反弹，一直在 Y^2 目标位和 Y^3 目标位之间震荡。若是在个股走势中，擅长打短差或者波段操作的研究者大可利用好这段走势。

如图可知，指数在 Y^2 和 Y^3 之间震荡了 10 个交易日之后于 2016 年 5 月 6 日长阴线跌破 Y^3 目标位 2935.17 点，最终收盘于 2913.25 点。

此时需要计算 Y^4 的目标位，将数据代入公式可得：

$$Y^4 = 3097.16 \div \sqrt{3097.16 \div 2988.20}\,)^4 = 2883.07$$

Y^4 的目标位是 2883.07 点。在实际的走势中，上证指数在 5 月 6 日出现大阴线之后，5 月 9 日直接跳空低开，单日下跌 64.05 个点，收盘价 2832.11，无疑跌破了 Y^4 的目标位，此时需要计算 Y^5 的目标位。

将 J=2988.20 和 Z=3097.16 代入公式可求得 Y^5 的目标位：

$$Y^5 = 3097.16 \div \sqrt{3097.16 \div 2988.20}\,)^5 = 2831.91$$

2016 年 5 月 9 日上证指数最低点为 2821.83 点，在目标位之下，收盘价为 2832.11 点，在目标位之上，属于"触位"。此时需要做好两手准备，若指数就此启涨，则应该及时抓住机会，若指数最终跌破这一目标位，则应计算下一重影的目标位。

图中可以看到，上证指数的实际走势在 Y^5 目标位上下震荡了两个交易日后，在 2016 年 5 月 12 日以假阳线跌破目标位，创出新低 2781.24 点。

此时计算 Y^6 的目标位，将数据代入公式可得：

$$Y^6 = 3097.16 \div \sqrt{3097.16 \div 2988.20}\,)^6 = 2781.64$$

可以看到，这一目标位与 2016 年 5 月 12 日的低点仅相差 0.40 个点，几乎是分毫不差。这一天同样是影线触位，随后指数开始在这一位置以上震荡，2016 年 5 月 18 日和 26 日下影线两次接近目标位。最终指数从 2016 年 5 月 26 日最低点 2780.76 开始上涨，拉开了 2016 年下半年牛市的序幕。

三六七法则

在以上两个案例中，图 5.3.A 中"上涨衍式镜转模型"的每一重影都为指数的走势提供了一个高点的预测点位，而且无一落空。图 5.3.B 中"下跌衍式镜转模型"的每一重影都为指数的走势提供了一个低点的预测点位，指数即使不在目标位发生转折，也会受到其影响，我们可以根据这种影响对走势的变化做出及时的反应。这种影响的模式有些类似于《模型理论之股市获利阶梯》中关于台阶模型中的部分所介绍的台阶对于股价的影响模式，有兴趣的投资者可以通过类比深入掌握这种影响模式。

通过上述案例我们可以发现，虽然衍式镜转模型会提供高点和低点的预测位置，但是其中有些位置是次级运动的起始点，而有些位置则是趋势转折的起始点，这两者在实际操作中的价值相差巨大。

有感于此，笔者曾试图寻找过区分转折点和次级运动起始点的方法。通过大量的数据统计，笔者发现实际上衍式镜转模型中每一重影的比重是不一样的，有些特定的重影位置更具有参考价值，在这些点位股价发生转折的概率较高。比如在"上涨衍式镜转模型"中 Y^3、Y^6、Y^7 三个重影最容易形成头部，而在"下跌衍式镜转模型"中 Y^3、Y^6、Y^7 三个重影最容易出现底部，我将这一规律命名为"三六七法则"。

由于统计时只统计到 Y^7，所以不排除 Y^7 之后的重影中也有具备类似属性的情况。

在图 5.3.A 的"上涨衍式镜转模型"和图 5.3.B 的"下跌衍式镜转模型"中，指数出现反转的重影位置分别是 Y^3 和 Y^6，再一次印证了"三六七法则"。

前文中选取的案例都是上证指数中的走势，实际上衍式镜转模型的实用价值更多体现在对个股走势的研判上。

下面我们来看一下衍式镜转模型在个股中的表现。

$$Y^1 = 5.77 \div (\sqrt{5.77 + 5.35})^1 = 5.56$$
$$Y^2 = 5.77 \div (\sqrt{5.77 + 5.35})^2 = 5.35$$
$$Y^3 = 5.77 \div (\sqrt{5.77 + 5.35})^3 = 5.15$$
$$Y^4 = 5.77 \div (\sqrt{5.77 + 5.35})^4 = 4.96$$
$$Y^5 = 5.77 \div (\sqrt{5.77 + 5.35})^5 = 4.78$$
$$Y^6 = 5.77 \div (\sqrt{5.77 + 5.35})^6 = 4.60$$

图 5.3.C　002064——华峰氨纶日 K 线走势图

上图为 002064——华峰氨纶在 2017 年 3 月 1 日到 8 月 8 日之间共 110 个交易日的日 K 线走势图。

可以看到，股价在 2017 年 3 月 6 日出现高点，随后开始出现震荡下跌走势。若想把握这一波下跌中的反弹与转折所带来的机会，我们可以建立一个下跌衍式镜转模型。

建立模型的第一步是确立基础三线。已知 2017 年 3 月 6 日出现高点 5.77 元，则可以以此确立基础三线，标记高点所在 K 线为 K 线 1；向左寻找第一根相对于 K 线 1 高点、低点依次降低的 K 线，为 2017 年 3 月 3 日 K 线，标记为 K 线 2；再在 K 线 2 左侧寻找第一根相对于 K 线 2 高点、低点都降低的 K 线，为 2017 年 3 月 2 日 K 线，标记为 K 线 3。自此，基础三线确立（如图中蓝色虚线框标识）。可以看到，基础三线之间没有间隔，且三线区间为 0.46 元，K 线 1 的实体长度为 0.21，三线区间大于 K 线 1 的实体长度的两倍，可以判断这只股票股性相对活跃。

确立了基础三线之后，我们就可以开始计算下跌衍式镜转模型的第一个目标位 Y^1 了。镜的数据是 K 线 3 的开盘价 J=5.35 元（如图中橙色矩形标识），转的数据是 K 线 1 的最高价 Z=5.77 元（如图中蓝色矩形标识）。将数据代入公式可以求得第一重影 Y^1 的目标位：

$$Y^1 = 5.77 \div (\sqrt{5.77 \div 5.35})^1 = 5.56$$

如图所示，股价的走势从 5.77 元开始下跌，两个交易日后（2017 年 3 月 8 日）股价最低点恰好在 5.56 元（如图中橙色箭头标识处），与目标位分毫不差！并且当日股价收盘于 5.62 元，属于标准的下影线触位。这时候可能出现的情况有三种：一是股价就此反弹甚至反转，那么投资者需要抓住机会买入以获取利润；第二种情况是股价收盘价跌破 Y^1 目标位，继续下跌，则投资者应持币观望回避风险；第三种情况是股价围绕目标位上下震荡，不断地微幅突破和跌破目标位，这种情况下就需要做出股价震荡的管道线。如果管道线中线在目标位之上，则说明股价较为强势；反之如果管道线中线在目标位之下，则说明股价较为弱势，操作上以止损为主。如果管道线中线与目标位重合或者非常接近，则需要运用到破位止损原则进行操作（熟练掌握破位止损原则的研究者也可以不做管道线，直接运用破位止损原则进行操作）。

关于破位止损的详细说明，因为涉及许多其他内容，在此请容笔者卖个关子，在本章的最后，笔者将会详细介绍这一操作原则。

如图 5.3.C，在实际的走势中，股价在 3 月 8 日精准触位之后经过 8 个交易日的震荡，最终于 2017 年 3 月 21 日长阴线跌破 Y^1 目标位 5.56 元，当日收盘于 5.44 元。此时需要计算第二重影 Y^2 的目标位，将 J=5.35 元，Z=5.77 元代入公式可求得第二重

影 Y^2 的目标位：

$$Y^2 = 5.77 \div (\sqrt{5.77 \div 5.35})^2 = 5.35$$

如图 5.3.C 所示，股价于 2017 年 3 月 21 日跌破 Y^1 目标位之后继续下跌，22 日即强势跌破 Y^2 目标位 5.35 元，最终收盘于 5.28 元，无疑是有效跌破。此时需要计算第三重影 Y^3 的目标位。这里需要注意的是，当计算出 Y^3 的目标位之后，股价继续运行，不要仅仅关注 Y^3 的目标位，还要留意 Y^2 的目标位对股价的压力作用。

将数据代入公式求得第三重影 Y^3 的目标位为：

$$Y^3 = 5.77 \div (\sqrt{5.77 \div 5.35})^3 = 5.15$$

这里需要注意的是，根据"三六七法则"，股价在此处出现反转的概率较大，需要特别注意。

图中可以看到，股价在随后的 16 个交易日中整体横盘运行，一直没有接近 Y^3 的目标位，但是数次触及 Y^2 的目标位之后受压下跌。最终股价于 2017 年 4 月 18 日以长阴线跌破 Y^3 目标位 5.15 元，并最终收盘于 5.06 元，正式跌破 Y^3 目标位，未能发生反转。则可在公式中代入数据计算出第四重影 Y^4 的目标位：

$$Y^4 = 5.77 \div (\sqrt{5.77 \div 5.35})^4 = 4.96$$

已知第四重影的目标位为 4.96 元，在实际的走势中，股价跌破 Y^3 目标位次日以假阳线继续下跌，最低价为 4.95 元，与目标位仅相差 1 分钱。随后股价开始上涨并最终收盘于 5.06 元，下影线触位，并且下影线较长。此时需关注股价反弹的可能，但仍要警惕下跌的风险。若股价开始上涨，则 Y^3 的目标位是重要的压力参考位。

实际股价经过一次微幅反弹之后继续下跌，并于 2017 年 4 月 24 日强势跌破 Y^4 目标位，此时需计算 Y^5 的目标位。

将数据 J=5.35 元，Z=5.77 元代入公式可知：

$$Y^5 = 5.77 \div (\sqrt{5.77 \div 5.35})^5 = 4.78$$

Y^5 的目标位在本案例中比较重要，可以看到股价跌破 4.96 元之后，于 2017 年 4 月 25 日触及 Y^5 的目标位 4.78 元，当日最低价恰好为 4.78 元，与目标位分毫不差（如图中红色箭头标识），并且当日收盘于 4.83 元，留下了较长的下影线。此时如同 2017 年 3 月 8 日（橙色箭头标识处）一样，要应对三种可能。随后股价开始上涨，应抓住机会买入，止损价即为 Y^5 的目标位（收盘价跌破 Y^5 目标位止损），同时需要留意 Y^4 目标位的压力作用。若 Y^4 被突破，则留意 Y^3 目标位的压力作用，以此类推。若突破 Z 的值则需锁定低点，建立一个上涨衍式镜转模型，在新模型建立完善之前，以 Z 值为止损位。

　　图中可以看到，股价在实际的走势中触及 Y^5 的目标位之后就开始反弹，4 月 27 日强势突破 Y^4 目标位 4.96 元之后，从 5.03 元开始受压下跌，最终收盘于 4.98 元，亦可算是突破了 Y^4 目标位。次日股价以长阳线上涨，随后继续上涨，形成一个圆弧形走势，最高点为 2017 年 5 月 5 日的 5.13 元，在距离 Y^3 目标位两分钱的位置开始下跌。2017 年 5 月 11 日跌破 Y^4 目标位，最低点再次恰好达到 Y^5 的目标位 4.78 元（如图中绿色箭头标识），最终收盘于 4.90 元。这次下影线更长，随后股价的上涨也更坚决，连续 6 根阳线之后，股价出现高点 5.14 元，在距离 Y^3 目标位 1 分钱的位置开始下跌。回顾这段走势，我们可以发现股价一直在 Y^3 与 Y^5 目标位之间震荡运行。

　　6 月 1 日，股价以长阴线跌破 Y^5 目标位，此时开始计算 Y^6 的目标位，将数据代入公式：

$$Y^6 = 5.77 \div (\sqrt{5.77 \div 5.35})^6 = 4.60$$

　　计算出第六重影 Y^6 的目标位为 4.60 元。6 月 1 日股价跌破 Y^5 目标位之后，下个交易日股价继续下探，触及 Y^6 目标位 4.60 元（如图中绿色箭头标识）之后开始上涨，最终收盘于 4.73 元，留下了长长的下影线，属于典型的下影线触位，且最低点与目标位完全吻合，一点不差。

此时需要留意股价上涨的可能。另外根据三六七法则，此时发生转折的概率较高，需要格外留意发生转折的可能性，同时做好入场和止损的准备。

随后股价开始上涨，13 个交易日后触及 Y^4 目标位 4.96 元，股价在此形成高点开始回落（如图中紫色空心箭头标识），这又是一次股价与目标位完美重合的现象。

此后股价开始下跌，首先确定止损位，当股价的收盘价正式跌破 Y^6 目标位时止损。在实际的走势中，股价经过 6 月 22 日的长阴线下跌之后，于 6 月 23 日开始大幅下跌，并且接近止损位 4.61 元（如图中紫色框线标识）。最终于此位置开始上涨，收盘于 4.84 元，走势与目标位之间仅相差 1 分钱。之后股价以此为基础，出现了一大波上涨行情，高点 6.19 元突破了 Z 值 5.77 元，股价正式于 Y^6 开始反转，再一次印证了"三六七法则"。

在本案例中，股价虽然没有在每一重影都出现反弹，但是走势 5 次与重影目标位完全契合，一点不差，其中 4 次出现在低点，一次出现在高点。并且走势多次出现在前期跌破重影目标位受压的情况，表现了下跌衍式镜转模型中的许多形式，是一个非常典型的案例。

模型加油站　破位止损原则

在本章的最后，笔者将用一点篇幅来为大家阐述在前文中提到的"破位止损原则"。之所以将这一部分内容单独拿出来阐述，是因为"破位止损原则"不仅仅用于应对股价在目标位附近震荡的情况，其主要的作用是帮助研究者把握那些不是很符合模型标准、难于判断和把握，但又十分重要的转折走势。

毫无疑问，帮助研究者把握难以把握的走势才是"破位止损原则"的最大价值。如果放在前文案例中，难免会被读者单纯视为用来应对股价在目标位附近震荡的情况的方法，这样未免有明珠蒙尘之嫌。

我们不妨借助一个案例来说明这一原则的价值。

图 5.J.A　破位止损原则的第一种作用

上图是 002064——华峰氨纶在 2017 年 5 月 25 日到 8 月 21日之间共 61 个交易日的日 K 线走势图。

此图中的走势是图 5.3.C 案例的后续走势，取 2017 年 6 月2 日出现低点 4.60 元的 K 线为 K 线 1，在此基础上建立基础三线（如图中蓝色虚线框标识），K 线 2 为 2017 年 6 月 1 日走势，K 线 3 为 2017 年 5 月 31 日走势。"转"的值为 Z=4.60 元，"镜"的值为 J=4.95 元。

当股价开始上涨，我们就可以计算出千重影的目标位来预测高点的位置。

因为本案例主要为了说明"破位止损原则"的使用，所以我们只选择特定重影位置进行描述。

实际上，这段走势用 2017 年 6 月 23 日为 K 线 1 来计算效果更佳，之所以选择 6 月 2 日作为 K 线 1，主要是为了使重影的位置与走势不那么契合。因为在实际使用中，难免会遇到衍式镜转模型千重影目标位与股价实际走势差距较大的情况，而"破位止损原则"正是为了解决在这种情况下判断走势的问题，所以本案例特别选择了衍式镜转模型"失灵"的情况。

首先是 Y^2 的目标位，根据前文中提到的规律 $Y^2=J$，可以直接得出 Y^2 目标位的值是 4.95 元。可以看到，股价在 2017 年 6 月 20 日（图中橙色箭头标识处）上影线首次触及 Y^2 目标位，最高点与目标位完全契合，次日股价收出一个阴十字星，上影线高点为 4.96 元，随后股价开始下跌。当然，这不是重点。

重点在图中粉色框线标识处的走势，可以看到股价在这段走势中反复突破和跌破 Y^2 的目标位，让人感到非常棘手。但是股价突破目标位又是一个不错的买入机会（尤其是在下跌衍式模型中），如果每次都观望一番则会错过大把的利润，如果买入得比较激进，在这种走势下又容易陷入频繁操作的误区，或者错过最佳的止损机会。

根据破位止损原则，如果买入位选择得比较激进，当股价首次跌破目标位时应果断出局观望，随后股价再次回到目标位之上亦不宜激进买入。若股价大幅上涨，远离目标位，则可在股价实体强势突破下一重影目标位时尝试入场；若股价开始下跌，可在确认股价受到上一重影目标位支撑后尝试入场。

这就是"破位止损原则"，坚持这一原则无疑将使研究者在面对复杂走势时最大限度地保证利益与安全。

当然，我们更在乎的是"破位止损原则"的另一个作用，我们来看另一个案例。

图 5.J.B　破位止损原则的第二种作用图

上图是 002065——东华软件从 2017 年 7 月 13 日到 10 月 26 日的日 K 线走势图。

当股价从低点开始上涨时，我们就可以尝试建立上涨衍式镜转模型了。首先通过前期低点 2017 年 7 月 18 日的 5.97 元确立基础三线。将最低点所在的 K 线标记为 K 线 1，在 K 线 1 左侧寻找最近的相对于 K 线 1 高点、低点都抬高的 K 线，标记为 K 线 2，之后根据 K 线 2 找到 K 线 3，确立基础三线（如图中蓝色虚线框标识）。

"镜"的值为 J=10.33 元，"转"的值为 Z=9.57 元。将这两个代入公式可求得第五重影 Y^5 和第六重影 Y^6 的目标位。

$$Y^5 = 9.57 \div (\sqrt{10.33 \div 9.57})^5 = 11.58$$

$$Y^6 = 9.57 \div (\sqrt{10.33 \div 9.57})^6 = 12.03$$

图中可以看到，股价在 2017 年 9 月 14 日出现高点 11.94 元之后开始回落，股价在到达这个位置之前已经突破了 Y^5 的目标位 11.58 元，但是这个位置又没有触及 Y^6 的目标位 12.03 元，这种走势就非常难以把握了。

很多研究者苦苦守着 Y^6 的位置等着股价下跌，最终当然只等到一场伤心。

遇到这种情况就应该果断运用"破位止损原则"，股价突破 Y^5 但还没有达到 Y^6 就开始下跌，此时有可能是回调，不宜急于离场，不妨持股观望；但是股价一旦收盘跌破了 Y^5 的目标位就应该果断止损，迅速离场。

此后关注股价是否在之前的千重影目标位受到支撑，寻找买入时机；或者后期走势再次强势突破任一千重影目标位时也可作为买入时机，止损点就在作为买入依据的那一个千重影目标位，一旦股价收盘跌破此位置，即刻止损。

根据破位止损原则，研究者在这种难以被衍式镜转模型所把握的走势中也可以不乱阵脚，实现利益和安全的最大化。

需要注意的是，这一原则虽然简单，但在实战中的价值却是巨大的，研究者在使用衍式镜转模型把握市场时要时刻牢记这一原则。

第六章　九衍时空

　　这本书的主题是九衍时空镜转，股市中的时空大家不难理解，关于镜转模型，在之前的章节中也进行了详细的阐述，那么九衍是什么意思呢？

　　在之前的章节中介绍镜转模型时，建立模型都是用的"基础三线"，这说明这些模型都是建立在 5 日分形的基础上，那么建立在其他级别分形上的模型又有着什么样的性质和作用？它对于研究者来说有什么样的价值呢？

第一节　函数之镜

对函数与股价关系的研究由来已久，《模型理论》中也有涉及这部分内容，镜转模型似乎与函数毫无关系，然而真的是这样吗？

——导读

在金融数学中认为股市是由两种函数组成的市场，其中，单边趋势是指数函数，长期趋势是对数函数。

对于大家来说，这一理念想必不会陌生，在《模型理论之时空对数法则》一书中就曾专门研究和探讨过长期趋势与对数函数的关系。现在，我们来回顾一下。

简单来说，股价的运行时间越长，其走势就越趋于平缓，就好像对数函数的走势图一样。

如下图所示：

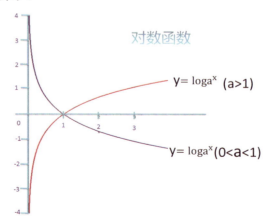

图 6.1.A　对数函数示意图

对数函数是 6 种基本初等函数之一，是研究股市形态学、金融数学等领域时经常会涉及的一种函数，其公式为：

$Y=\log a^x$（a 为常数且 a＞0，a≠1）

当 a 大于 1 时，其函数图如上图中的红色曲线；而当 a 介于 0 和 1 之间的时候，函数图如上图中的蓝色曲线。

在长期趋势中，随着时间的推移，走势会越发趋于平缓，对数函数图中的红线对应长期上涨趋势，蓝色对应长期下跌趋势。读者会发现，股价的走势与函数图之间十分相似，所以在金融数学中认为长期趋势的走势与对数函数的轨迹趋同。

除了对数函数之外，还有一种函数是我们不应该忽略的，那就是指数函数。前文中提到单边趋势与指数函数的轨迹趋同，我们来看指数函数的示意图。

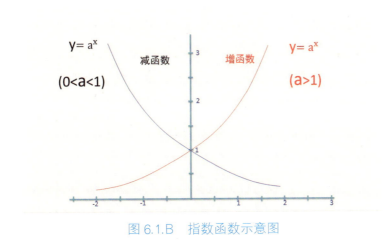

图 6.1.B　指数函数示意图

指数函数同样也是 6 种基本初等函数之一，同样具备极高的研究价值。

其公式为：

$y=a^x$（a 为常数且 a>0，a ≠ 1）

当 a > 1 的时候，其函数图如上图中的红色曲线，而当 a 介于 0 和 1 之间的时候，函数图如上图中的蓝色曲线。

同样，如果用红色曲线对应单边上涨趋势，蓝色曲线对应单边下跌趋势，就会发现股价的走势与函数图之间十分相似，因此在金融数学中认为单边趋势的走势与对数函数的轨迹趋同。

这样就解释了在前文中提到的"在金融数学中认为股市是由两种函数组成的"这一观点。

难解的问题

接下来思考一个问题：如果你知道两只股票要上涨，一只目前跌了 50%，另一只跌了 20%，你选择哪只股票买入呢？

你一定要说：知道它要涨，当然两只都买了！

但是如果限定你只能买一只呢？

实际上，在研究如何获取更多利益的问题时会发现，如果你在两只股票中各投入 50%，是不能使收益最大化的。想要收益最大化，必须要知道两只股票哪只会涨得更多。合理的分仓可以增加安全性，但不能达到收益的最大化。专业的研究者应该学会在两者之间寻找平衡，过多的分仓，或者孤注一掷式地买入都不可取。

关于这个问题，我曾经问过不少人，有选跌幅 50% 的，也有选跌幅 20% 的，众多答案中最典型的两个是 A 先生和 B 先生给出的。

"我选跌幅 20% 的，"A 先生分析得头头是道："股市里强者恒强，如果知道一只股票要涨，前期跌幅小的应该能涨得更高。"

"50% 的，"B 先生毫不迟疑地选择："跌得深才有上涨的空间，既然知道它会上涨，当然选择上涨空间大的。"

A 先生年过四十，三年前入市，专注于短线操作，一直在研究技术分析；B 先生去年刚刚毕业，入市不久，学的是金融类专业，对股市有自己的看法，技术分析和基本分析都有涉猎。

你的选择与这两位的观点一致么？

A 先生与 B 先生两人之间对股市的理解不同，投资经历不同，对股市的观念不同，唯一的共同点就是——赔得都挺惨。

经过大量的数据统计之后，笔者发现一只股票的下跌与之后的上涨之间，只有某个关键点到低点的距离和未来的上涨有关系。其他部分的走势，无论是涨是跌，都与未来的上涨无关。

所以实际的情况是，股票下跌 20% 或者 50% 对后市的上涨毫无影响。

第二节　回到函数中去

相信你一定在好奇前文中提到的关键点是怎么回事，想要理解这个关键点，还得回到最初的话题——回到函数中去。

——导读

镜转的起源

观察指数函数和对数函数，可以发现不管走势图怎么变，最终都会相交于同一个点。在指数函数中，这个点是 $(0, 1)$，在对数函数中，这个点是 $(1, 0)$。

前文中提到判断后市上涨的唯一依据是前文中提到的关键点到低点的距离，根据这一规律，笔者建立了衍式镜转模型，这个关键点被称为"镜"。

我们以指数函数为例，如果股价沿着曲线从上往下运行，则通过关键点之后开始不断地接近最低点。这里需要强调的是，关键点与最低点的距离不是指关键点与最低点的垂直距离，而是指股价从关键点运行到最低点的弧线距离。

如图 6.2.A 所示：

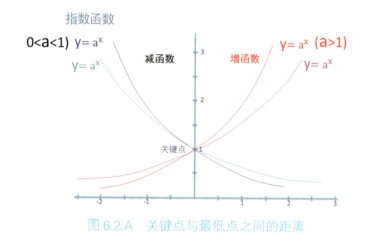

图 6.2.A　关键点与最低点之间的距离

如果改变 a 的值，就可以改变指数函数曲线的斜率，斜率不同的曲线接近最低点运行的弧线的距离就不相同。如下图所示：

这段距离的不相同，体现在股价的走势中就是从关键点到最低点之间的 K 线数目不同（如上图中蓝色与青色空心 K 线和曲线走势所示，其中蓝色代表五衍式镜转模型，青色代表九衍式镜转模型）。这就是为什么衍式镜转模型分为三衍式镜转模型、五衍式镜转模型、七衍式镜转模型和九衍式镜转模型了。

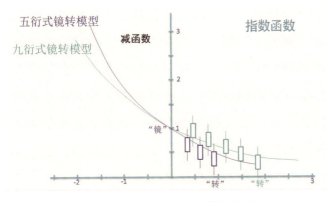

6.2.B　衍式镜转模型的由来

　　如图 6.2.B 所示，股价通过关键点的位置被称为"镜"，而股价触及最低点的位置则被称为"转"，通过"镜"和"转"确定的上涨目标位被称为"影"。

　　以上内容是从金融数学的角度来阐述衍式镜转模型的本质，通过这样的论述，你是否对衍式镜转模型有了更加深刻的理解呢？

五衍式镜转模型与九衍式镜转模型

　　前文中提到，衍式镜转模型分为三衍式镜转模型、五衍式镜转模型、七衍式镜转模型和九衍式镜转模型。小于 3 根 K 线构不成分形，所以三衍式镜转模型是最小级别的镜转模型；而为什么最大级别的镜转模型是九衍镜转模型呢？

　　古人以九为变化之极，有"九为数之极，七为算之极"的说法。实际上这种说法在股市中也适用，在《模型理论之固定模型体系》中，就有一个叫作"极数折变"的模型利用了这一理念。

　　一直以来，研究者都缺乏对这种理念的直接认识，我们只知道九在股市中是一个神奇的数字，却不清楚它在股市中的直接体现。

通过大量的数据统计，我们可以发现其中的规律：在单边趋势中，即使走势再强，一般来说股价或者指数也只能连续 5 到 8 次突破前期高点创出新高，之后就会出现转折。所以通过 9 根 K 线构成的分形建立的镜转模型，也就是九衍式镜转模型就是最大级别的镜转模型了（因为 9 根 K 线构成的分形，单边创新高或者新低的次数刚好是 5）。

我们在计算长期走势的时候往往要依赖九衍式镜转模型，不管是关注长期走势的投资者还是专注于短期操作的投资者，都需要对长期趋势中的关键点有准确的认知和把握，才能在股市中游刃有余，所以前文中提到九衍式镜转模型是衍式镜转模型中最重要的一种。

但是为什么前文中所选取的案例都是五衍式镜转模型的案例呢？

在古代，人们把数字分为阳数和阴数，奇数为阳，偶数为阴。在阳数中九最大，五居正中，因而以"九"和"五"象征帝王的权威，称之为"九五至尊"。

这种用数字代表类象的思想随着 5000 年的历史慢慢沉淀到每一个国人的心中，而股市是无数人意志的结合，所以这种以九五为尊的思想也浸润到了股市之中。

如果说九衍式镜转模型是把握长期走势最有力的武器的话，那么五衍式镜转模型就是把握短期走势的不二选择。从适用面来说，五衍式镜转模型与九衍式镜转模型都属于应用非常广泛的模型，只是因为九衍式镜转模型的作用是把握长期走势，所以在重要性上要强于把握短期走势的五衍式镜转模型。

接下来，让我们来梳理一下前文所述内容，总结出不同级别衍式镜转模型的适用面吧！

简单来说，五衍式镜转模型适用于小级别走势，而把握超小级别走势如分时走势时，可以考虑用三衍式镜转模型。但是这里需要强调的一点是，实战测试数据统计显示，三衍式镜转模型在所有级别的镜转模型中的准确率是最低的，一般来说不建议使用。

前文中提到过九衍式镜转模型对应大级别走势，而次一级的中期走势可用七衍式镜转模型来把握。实战测试数据统计显示，在许多个股走势中，中期走势也可以用九衍式镜转模型来把握，而单纯只能用七衍式镜转模型把握中期走势的个股并不常见。

实际上建立什么级别的衍式镜转模型，除了根据研究者主观要预测的走势之外，还要客观考虑"转"的位置附近 K 线的形态。一般来说构成模型基础的几根 K 线之间不宜有过大间隔，模型基础的区间也不宜过小。

另外还需要考虑的一个重要因素是前期平台。

"镜"与"前期平台"

对于衍式镜转模型的研究者来说，经常会面临一个让人头痛的问题：我可以轻易地找到"转"的位置，但却不能确定"镜"的位置。

如下图所示：

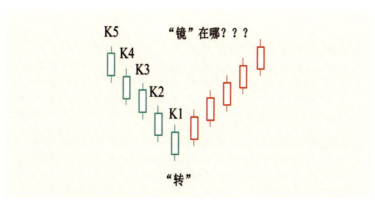

图 6.2.C　如何确定"镜"的位置

以上涨衍式镜转模型为例，我们将走势中最低点的位置标记为"转"，"转"所在的 K 线标记为 K1，在 K1 左侧第一根相对于 K1 高点、低点都抬高的 K 线标记为 K2，在 K2 左侧第一根相对于 K2 高点、低点都抬高的 K 线标记为 K3……以此类推，最多可标记到 K5。

确定了"转"的位置之后，我们可以用 K1、K2 作为模型基础建立三衍式镜转模型，把握超短期走势；也可以用 K1 到 K3 建立五衍式镜转模型，把握短期走势。可以用 K1 到 K4 建立七衍式镜转模型，把握中期走势；也可以用 K1 到 K5 建立九衍式镜转模型，把握长期走势，我们可以在此建立全部 4 种衍式模型。

前文中提到，研究者可以根据自己想要把握的走势级别选择建立哪种衍式镜转模型。但是许多研究者在此踌躇不前，他们面临的典型问题就是："我也不知道我要预测什么级别的走势，我就想知道接下来股价涨到哪里。"

对于这种"稀里糊涂型"的投资者，衍式镜转模型也是很"友好"的，我们可以利用前期平台这一重要因素来确定"镜"的位置。

如下图所示：

一般来说，股价运行到低点，一定会伴随着跌破前期平台的走势，这个股价跌破前期平台的位置就是"镜"，但这一点位不

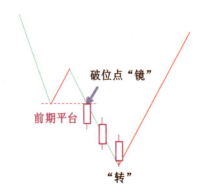

图 6.2.D　通过前期平台确定"镜"的位置

能作为"镜"的数值代入公式。

　　具体来说，就是在确定股价最低点"转"的位置之后，向左寻找最近的股价跌破前期平台的位置，选出开盘价在最低点与破位点之间所有符合条件的 K 线作为模型基础建立衍式镜转模型（若超过 5 根 K 线，则以最低点左侧 5 根 K 线为准）。

　　一般来说，根据前期平台得出来的模型对接下来走势的预测是最为准确的。

　　实际上如果研究者熟悉一只股票的股性的话，就会知道对于那只股票长期走势用哪种级别的模型，短期走势用哪种级别的模型了。也就是说，当你对一只股票的股性不熟悉时，不妨使用这种方法来建立最合适的衍式镜转模型。

　　如果投资者更关注大级别走势，又怕盲目建立九衍式镜转模型错过中期走势转折点的话，也可以使用这种方法来确定"镜"的位置。

　　如下图所示：

　　还是以上涨衍式镜转模型为例，若股价于长期下跌之后才到达低点，那么在下跌的途中可能会跌破不止一个前期平台。上一案例中我们选择距离最低点最近的破位点作为建立模型的依据，

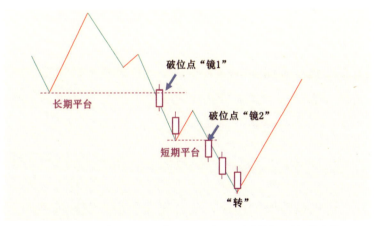

图 6.2.E　五衍式镜转模型与九衍式镜转模型的"镜"

这样建立的模型更适合把握近期的走势。

同时我们可以选择通过距离最低点稍远的，距离当前时间较长的大平台的破位点作为建立模型的依据，这样建立的模型更加有助于确立中长期的关键转折点。

在图6.2.E中，通过股价跌破长期平台（如图中蓝色虚线标识）的位置建立了九衍式镜转模型（图中蓝色和粉色空心K线作为模型基础）；通过股价跌破短期平台（如图中粉色虚线标识）的位置建立了五衍式镜转模型（图中粉色空心K线作为模型基础）。

简单来说，投资者可以通过近期小平台的破位点建立模型预测短期走势，通过远期大平台的破位点建立模型预测中长期走势。

这种方法的优势就是免去了研究者在不熟悉股性时难以选择衍式镜转模型级别的苦恼。

要点提示：1. 构成底部结构的K线数目较多，则说明这个底部是一个大底；2. 被支撑或者压力验证过的前期平台才会具有更高的参考价值。

第三节　衍式镜转模型实战总结

俗话说"百闻不如一见"，九衍镜转模型我们可以说是"久闻大名"了，但是至今还没见过它在实际走势中的表现。接下来，我们将揭开它的神秘面纱。

——导读

与五衍式镜转模型相比，适合建立九衍式镜转模型的走势在股市中要稍稍少见一点——因为可以建立九衍式镜转模型的走势一定可以建立五衍式镜转模型。但反过来，可以建立五衍式镜转模型的走势却不一定可以建立九衍式镜转模型。

这一规律看似毫无疑义，但这实际上意味着九衍式镜转模型的建立本身就是对后市走势的一次预测。具体来说，可以建立九衍式镜转模型的走势后期有相当概率出现中期以上级别的转折点。

下面我们来看一下九衍式镜转模型的实战案例。

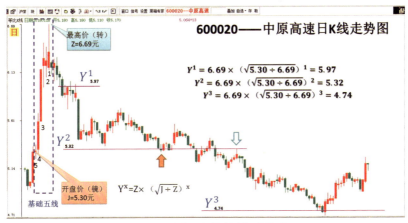

图 6.3.A　九衍式镜转模型实战图

上图是 600020——中原高速从 2017 年 7 月 14 日到 2018 年 1 月 18 日 6 个月之间的 129 个交易日的日 K 线走势图。

图中可以看到，股价从 2017 年 7 月 27 日出现最高点 6.69 元，随后开始下跌。若想要把握这一波下跌中的反弹与转折所带来的机会，我们可以建立一个下跌衍式镜转模型。

下跌行情中明显长期走势中的转折点更有价值，所以我们以此尝试建立九衍式镜转模型。

建立模型的第一步是尝试确立基础五线（之所以在这里用"尝试"这个词，是因为在有些走势中，你真的找不到符合条件的 5 根 K 线）。已知 2017 年 7 月 27 日股价出现高点 6.69 元，则可以以此为基础确立基础五线。标记高点所在 K 线为 K 线 1，向左寻找第一根相对于 K 线 1 高点、低点依次降低的 K 线，K 线 1 左侧第一根 K 线为 2017 年 7 月 26 日，高点、低都相对于 K 线 1 有明显的降低，符合条件，标记为 K 线 2。

再在 K 线 2 左侧寻找第一根相对于 K 线 2 高点、低点都降低的 K 线，K 线 2 左侧第一根 K 线为 2017 年 7 月 25 日，最高点高于 K 线 2 最高点且最低点低于 K 线 2 最低点，不符合条件，跳过。K 线 2 左侧第二根 K 线为 2017 年 7 月 24 日 K 线，符合条件，标记为 K 线 3。

通过 K 线 3 向左侧寻找第一根相对于 K 线 3 高点、低点都降低的 K 线，K 线 3 左侧第一根 K 线为 2017 年 7 月 21 日的长阳线，符合条件，标记为 K 线 4。

再通过 K 线 4 向左侧寻找第一根相对于 K 线 4 高点、低点都降低的 K 线，K 线 4 左侧第一根 K 线为 2017 年 7 月 20 日的阳十字星，同样符合条件，标记为 K 线 5。

自此，基础五线确立（如图中蓝色虚线框标识）。可以看到，基础五线之间间隔了一根 K 线，且五线区间为 1.46 元，K 线 1 的实体长度为 0.18。虽然基础五线之间间隔一根 K 线，但基础五线的区间超过 K 线 1 的实体长度的 8 倍，远远超过要求的两倍，可以判断这只股票的股性还是相对活跃的。

确立了基础五线之后，我们就可以开始计算下跌衍式镜转模型的第一个目标位 Y^1 了，镜的数据是 K 线 5 的开盘价 J＝5.30 元（如图中橙色矩形标识），转的数据是 K 线 1 的最高价 Z＝6.69 元（如图中蓝色矩形标识）。将数据代入公式可以求得第一重影 Y^1 的目标位：

$$Y^1 = 6.69 \times (\sqrt{5.30 \div 6.69}\,)^1 = 5.97$$

如图所示，股价的走势从 6.69 元开始下跌，4 个交易日后

（2017年8月2日）股价收出长下影线，最低点恰好在5.97元，与目标位分毫不差！并且当日股价收盘于6.07元，属于标准的下影线触位。这时候可能出现的情况有三种：一是股价就此反弹甚至反转，那么投资者需要抓住机会买入以获取利润；第二种情况是股价收盘价跌破Y^1目标位，继续下跌，则投资者应持币观望回避风险；第三种情况是股价围绕目标位上下震荡，不断地微幅突破和跌破目标位，这种情况下就需要按照破位止损原则进行操作。

图中可以看到，在实际的走势中，股价在8月3日以长阴线跌破Y^1目标位5.97元，当日收盘于5.87元。此时需要计算第二重影Y^2的目标位，将J＝5.30元，Z＝6.69元代入公式可求得第二重影Y^2的目标位为：

$$Y^2 = 6.69 \times (\sqrt{5.30 \div 6.69})^2 = 5.32$$

如图6.3.A所示，股价于2017年8月3日跌破Y^1目标位之后开始反弹，8月4日最高价突破Y^1目标位两分钱后受压下跌，收出短阳线，7日最高价5.97元，又一次与Y^1目标位完美契合！随后股价上影线连续两次突破Y^1目标位，但均收盘于Y^1目标位之下，2017年8月11日股价更是以长阴线暴跌0.41元，远离Y^1目标位。在随后的30个交易日中，股价一直在Y^1和Y^2目标位之间震荡下跌，2017年9月22日最低价恰好到达5.32元，与Y^2目标位完美契合！但是9月22日的K线下影线非常短，不能算是典型的下影线触位模式。此时的情况与Y^1目标位类似，需要做好应对上涨、下跌和震荡三种情况的准备。

图中可以看出，次日股价上下震荡，但最终收出一个实体非常小的阴线（如图中橙色箭头所示），几乎可以算是一个阴十字星了。众所周知，十字星代表着多空力量的均衡，所以此时不宜激进操作，应继续观察。下个交易日股价即收出长阳线开始上涨，随后股价出现了一小波上涨，但是实际上这段走势应该算是股价围绕 Y^2 目标位震荡的情况，应该按照破位止损原则进行操作，买入之后于股价收盘价首次跌破 Y^2 目标位时出局观望。

此时可以先计算出 Y^3 的目标位，将数据代入公式求得第三重影 Y^3 的目标位为：

$$Y^3 = 6.69 \times (\sqrt{5.30 \div 6.69})^3 = 4.74$$

2017 年 10 月 30 日股价第二次以长阴线跌破 Y^2 目标位之后开始了持续 41 个交易日的震荡下跌走势（图中蓝色空心箭头的位置是 2017 年 11 月 9 日。当日最高点恰好再次触及 Y^2 目标位 5.32 元，收出长上影线，这种走势也预示着股价开始远离 Y^2 目标位）。

2017 年 12 月 25 日，股价首次触及 Y^3 目标位，最低价 4.73 元，收盘价恰好在 Y^3 目标位 4.74 元，此时需做好准备应对股价的三种走势。这里需要注意的是，根据"三六七法则"，股价在此处出现反转的概率较大，又因为本案例中建立的是九衍式镜转模型，所以此处有出现中长期低点的概率。

如图可知，次日股价最低达到 4.71 元，收盘于 4.85 元，是一根中阳线，可以作为买入点。随后股价一路上涨，截至笔者选取本案例时，已经最高上涨到 5.27 元。前文中提到根据三六七原则和九衍式镜转模型的性质，这个点很有可能是中长期级别的低点，则在做好止损的前提下，获利可期。

衍式镜转模型在指数上使用的注意点

案例修订图 1 是上证指数从 2019 年 11 月 20 日到 2020 年 4 月 3 日的日 K 线走势图。可以看到，指数在 2020 年 2 月 4 日出现低点，随后开始快速启涨。若想要把握这一波上涨中的高点与可能的回调位置，我们可以建立一个上涨衍式镜转模型。

本书中提到，衍式镜转模型分为三衍式镜转模型、五衍式镜

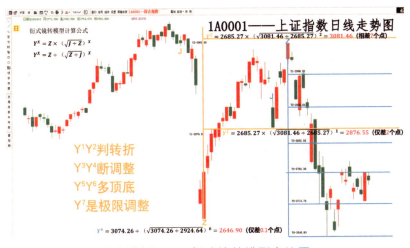

案例修订图1　衍式镜转模型实战图

转模型、七衍式镜转模型和九衍式镜转模型。但实际上，只是以上4种衍式镜转模型比较多见，尤其是在个股上。而在大盘上，我们经常需要依托更大级别的分形，建立十一衍式镜转模型，十三衍式镜转模型，有时甚至更大。本案例中建立的就是十一衍式镜转模型（如图红色线条标识）。

其中Z为最低点2月4日的最低价2685.27，J为1月17日的开盘价3081.46。根据上涨衍式镜转模型的计算公式，可以求得Y^1=2876.55，Y^2=3081.46（计算过程与公式体现在图中）。

在实际的走势中，指数在接下来的一波上涨中，最高点为3074.26，与Y^2目标位仅相差7个点！

而在最高点前的回调低点为2878.54，与Y^1目标位仅相差2个点！在动辄数千点的大盘上，这个误差可以说是相当准确了。

此处需要注意的是，本案例的讲解是对本书前文中内容的补充：

第一，衍式镜转模型不仅仅只有三衍式镜转模型、五衍式镜转模型、七衍式镜转模型和九衍式镜转模型4种，可能还会有依托更大级别分形建立的衍式镜转模型。

第二，上涨镜转模型的目标位不仅仅会产生压力作用，其支撑作用也不可忽视。相应的，下跌镜转模型的目标位不仅仅会起到支撑作用，有时也会产生压力作用。

在接下来的走势中，指数在 2020 年 3 月 5 日出现了高点 3074.26，随后开始快速下跌。若想把握这一波下跌的结束位置与可能的反弹位置，我们可以建立一个下跌衍式镜转模型。

如图中蓝色线条所示，我们建立了一个七衍式镜转模型，Z 为 3 月 5 日的最高点 3074.26，J 为 2 月 28 日的开盘价 2924.64，代入下跌衍式镜转模型的公式，可以求得 $Y^1=2998.52$，$Y^2=2924.64$，$Y^3=2852.58$，$Y^4=2782.30$，$Y^5=2713.75$，$Y^6=2646.90$（Y^6 计算过程如图，其他各目标位计算过程略）。

在实际的走势中，指数从 3074.26 点开始一路下跌，在 11 个交易日的急跌后出现低点 2646.80（2020 年 3 月 19 日），与 Y^6 的目标位仅相差 0.1 个点！

并且，在指数下跌期间，也一直受到目标位的影响。比如 3 月 16 日的时候指数最低点为 2784.66，与 Y^4 目标位 2782.30 仅相差 2 个点。次日指数高开震荡，最低点跌到 2715.22，与 Y^5 目标位 2713.76 也是相差 2 个点。

接下来是综合两个案例，对于本书中前文内容作一些补充，如图中口诀所示：

$Y^1 Y^2$ 判转折；

$Y^3 Y^4$ 断调整；

$Y^5 Y^6$ 多顶底；

Y^7 是极限调整。

在千重影的目标位中，前两个目标位多是用来判断转折的，而第三、四个目标位是用来判断调整的，第五、六个目标位处出现共振的走势多为顶底，而最后 Y^7 的目标位一般为本段走势的极限值。

　　以上规律为衍式镜转模型在实战中的经验总结，特增补修订如上，希望能够对各位"模迷"有所帮助。

　　因为计算烦琐，所以我也特别主张将衍式镜转模型的公式融入软件之中，用以简化计算过程。在最新升级的《回调之王》软件中，点击上方工具栏中的画线功能，就可以打开画线工具栏，如下图所示：

案例修订图 2　画线功能按钮

　　点击画线功能，如下图所示：

案例修订图 3　画线工具栏

案例修订图3　功能效果图

如上图所示，在画线工具栏中点击"眼"，随后选中一个高点或低点，用鼠标从后往前拖动，即可自动筛选合适级别的衍式镜转模型，并自动计算出各目标位，如下图所示：

两种新的挂件模型

在第四章的最后，笔者介绍了两种用来增加额外买点／加仓点和卖点的模型。此类模型单独使用价值不大，但是可以作为其他模型的"外挂设备"弥补其不足，或者使其功能更加强大。

但并不是所有的小型模型都能成为"外挂设备"的，成为外挂设备的模型必须具备形态简单、作用单一、判断准确等特点。即便如此，外挂模型提供的判断或者预测结果也只能作为参考，最终判断还是要以主体模型为主，否则模型之间胡乱搭配可能会互相干扰，适得其反。

同时即使是适合成为"外挂模型"的小模型，也不一定会适用于任意模型，根据主体模型选择合适的外挂模型也是非常考验研究者功底的。

在作为主体模型搭配外挂模型这方面，镜转模型具备不小的优势。本书中将会介绍 4 种适合于作为镜转模型外挂模型的小模型，在第四章的时候介绍了两个，现在，我们来介绍另外两个——买入结构模型和卖出结构模型。

首先我们来看一下买入结构模型示意图：

图 6.3.B　买入结构模型示意图

图 6.3.B 为买入结构模型示意图。如图可知，买入结构模型由 4 根 K 线构成，在图中分别标记为 A、B、C、D，构成模型的要求是：A、C、D 为阳线，B 为阴线，且 D 的收盘价分别大于 A、B、C 的收盘价，即 D 的收盘价大于前 3 个交易日中的最高收盘价，则宣告模型成立，可以判断此时为买入结构，可将下一交易日作为买点或者加仓点。

若股价在衍式镜转模型或其他模型的支撑和压力位附近出现这种形态，则需留意此处有成为趋势转折点或者趋势加速点的可能性。

与买入结构模型相对应的就是卖出结构模型，卖出结构模型同样由 4 根 K 线构成，这 4 根 K 线的性质与买入结构模型中的 K 线性质相对应。

D的收盘价＜A的收盘价；
D的收盘价＜B的收盘价；
D的收盘价＜C的收盘价；
则为卖出形态

A B C D

卖出结构模型

图6.3.C　卖出结构模型示意图

图6.3.C为卖出结构模型示意图，图中分别用A、B、C、D来标记4根K线，构成模型的要求是：A、C、D为阴线，B为阳线，且D的收盘价分别小于A、B、C的收盘价，即D的收盘价小于前3个交易日中的最低收盘价，则宣告模型成立，可以判断此时为卖出结构，可将下一交易日作为卖点。

同样若股价在衍式镜转模型或其他模型的支撑和压力位附近出现这种形态，则需留意此处有成为高点或者下跌趋势加速点的可能性。

买入结构模型和卖出结构模型的用途非常广泛，与不同的模型结合也能发挥不同的作用，下面我们从三个方面来了解这两个挂件模型的性质。

1. 弥补衍式镜转模型无法把握的情况

前文中在谈到根据衍式镜转模型的模型基础判断股性是否活跃的时候，提到过衍式镜转模型的一个性质——若基础三线的区间太小，则不宜建立衍式镜转模型（因为千重影的位置会非常集中，完全没有预测意义。另外需要注意的是，分式镜转模型无此性质）。由于股性不活跃，在这种走势中建立分式镜转模型很容易出现模型失效的情况，但是完全放弃这种走势又容易错过最佳的入场点。

此时就轮到买入结构模型体现价值了。

图 6.3.D　买入结构模型实战图

图 6.3.D 是 1A0001——上证指数从 2017 年 12 月 14 日到 2018 年 1 月 24 日的日 K 线走势图。图中我们可以看到，2017 年 12 月 28 日股价收出一根中阳线，出现次低点 3263.73 点。我们可以尝试据此低点建立衍式镜转模型，则最低点所在 K 线为 K 线 1（如图中字母 C 标识），根据 K 线 1 向左寻找符合条件的 K 线 2（如图中字母 B 标识）和 K 线 3（如图中字母 A 标识）。基础三线如图中青色虚线框标识，其区间等于 K 线 3 的最高点 3307.30 点与 K 线 1 的最低点 3267.73 的差值，即 32.57 点，小于 K 线 1 的实体长度的两倍，即 K 线 1 当日开盘价 3272.29 点与收盘价 3296.38 的绝对值 24.09 点的两倍 48.18 点。可以判断该股股性不活跃，此处不宜建立衍式镜转模型。

如果研究者在这段走势中尝试建立衍式镜转模型，就会发现，模型中千重影的目标位之间差值非常小，这使其完全失去了预测意义（在本案例中第七重影 Y^7 的目标位是 3313.38 点，Y^1 的目标位是 3270.78 点，6 个目标位之间的间距一共才 42.6 点，甚至不如一个交易日中的上涨幅度）。

而如果灵活运用买入结构模型，就可以轻松应对这种难以被衍式镜转模型把握的走势了，如图中蓝色虚线框标识处的走势。

此处走势与买入结构模型非常类似，都是"阳线＋阴线＋阳线＋阳线"的组合，将4根K线分别标记为"A、B、C、D"。

前文中提到，构成买入结构模型的要求是：A、C、D为阳线，B为阴线，D的收盘价分别大于A、B、C的收盘价，即D的收盘价大于前3个交易日中的最高收盘价。

在这里A、B、C、D 4根K线分别对应的点位为：

A（2017年12月26日，收盘价为3306.12点）；

B（2017年12月27日，收盘价为3275.78点）；

C（2017年12月28日，收盘价为3304.10点）；

D（2017年12月29日，收盘价为3307.17点）。

可以看到D的收盘价是蓝色虚线框4根K线中收盘价最高的，则买入结构成立，指数在2018年1月2日出现买入点。可以看到，随后上证指数出现了数年难遇的十六阳间一阴（十六阳间一阴的概念出自一目均衡表理论，意思是说连续的16根阳线中间隔了1根阴线）的走势，出现了大幅上涨。通过买入结构模型，研究者在指数刚刚启涨时就已经发现了买入点，同时也使得研究者在面对这种基础三线区间较小的走势时不再一筹莫展。

2. 印证和优化分式镜转模型的买入点

关于买入结构模型对分式镜转模型中买入点的印证，我们首先要从前一个案例讲起。

如图6.3.D，如果研究者尝试在这段走势中建立分式镜转模型，基础三线与之前建立衍式镜转模型时的基础三线完全相同。我们过K线3（图中字母A标识）的最高点作一条水平线（如图中粉色线标识），即趋势转折线。可以看到趋势转折线在2018年1月2日被长阳线正式突破（图中字母D标记K线之后一根K线），则此处为买入点。

在之后我们通过买入结构模型来寻找买入点，得到的结果也是 1 月 2 日买入，这一结果恰好与根据分式镜转模型得出的判断相互印证。

这种情况就属于买入结构模型与分式镜转模型相互印证的情况，这种相互印证得到的买入点将会相当可靠。

除了买入结构模型与分式镜转模型中的买入点可能相互印证之外，卖出结构模型还可以与分式镜转模型中的止盈线位置，以及衍式镜转模型中的千重影位置互相印证。

除了互相印证之外，买入或者卖出结构模型与镜转模型之间预测到的点位也许会出现偏差，这种时候就可以择优而取，互相进行优化了。

这种情况在实际走势中的案例如下：

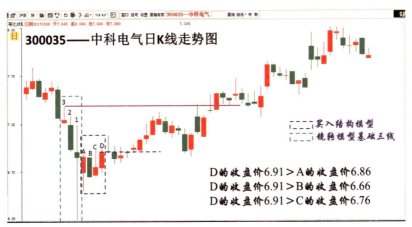

图 6.3.E　买入结构模型优化买入点

图 6.3.E 是 300035——中科电气从 2017 年 1 月 4 日到 2017 年 3 月 28 日的日 K 线走势图。图中我们可以看到，2017 年 1 月 16 日股价收出一根拥有长上影线和下影线但实体很小的小阴线，并于当日出现低点 6.24 元。我们可以尝试据此低点建立分式镜转模型，则最低点所在 K 线为 K 线 1（如图中数字 1 标识）；根

据 K 线 1 向左寻找符合条件的 K 线 2（如图中数字 2 标识）和 K 线 3（如图中数字 3 标识），基础三线如图中青色虚线框标识。

建立基础三线之后，过 K 线 3 的最高点作一条水平线（如图中粉色线标识），即趋势转折线，可以看到趋势转折线在 2017 年 2 月 22 日被长阳线正式突破，则此处为买入点。

而在基础三线之后的走势（如图中蓝色虚线框标识处）与买入结构模型非常类似，都是"阳线＋阴线＋阳线＋阳线"的组合，将 4 根 K 线分别标记为"A、B、C、D"。

前文中提到，构成买入结构模型的要求是：A、C、D 为阳线，B 为阴线，且 D 的收盘价分别大于 A、B、C 的收盘价，即 D 的收盘价大于前 3 个交易日中的最高收盘价。

实际 A、B、C、D 4 根 K 线的收盘价分别为：

A（2017 年 1 月 17 日，收盘价为 6.86 元）；

B（2017 年 1 月 18 日，收盘价为 6.66 元）；

C（2017 年 1 月 19 日，收盘价为 6.76 元）；

D（2017 年 1 月 20 日，收盘价为 6.91 元）。

可以看到 D 的收盘价分别大于 A、B、C 的收盘价，且 ACD 为阳线，B 为阴线，则买入结构成立，股价在 2017 年 1 月 23 日出现买入点。

在本案例中，通过买入结构模型得到的时间（2017 年 1 月 23 日）比通过分式镜转模型趋势转折线得到的买入时间（2017 年 2 月 22 日）早了 17 个交易日，两个买入点在空间上的差值为 0.62 元。也就是说，灵活运用买入结构模型提早买入，将能够多获得 0.62 元／股的纯利润。

当然，在实际的走势中，还有可能出现分式镜转模型的买入点早于买入结构模型买入点的情况，两者择优而取即可，不一定非要选择买入结构模型的买入点。

3. 不建议单独使用

通过前文中的研究，我们领略到了买入结构模型和卖出结构模型的神奇之处，你可能会认为这两者本身提供的买入或者卖出点具有相当的判断价值，完全可以独立于其他模型之外成为操作的依据——事实上并非如此。

如果你在个股中观察实际的走势就会发现，无论是买入结构模型还是卖出结构模型，出现的频率都不低。但是两者在实际走势中的表现不尽如人意，经常会出现模型提示买点之后股价就开始下跌，或者模型提示卖点之后股价反而上涨的情况。

这也就是为什么这两种模型会成为"挂件模型"的原因，它们必须结合其他模型才能作为判断股市变化的依据。

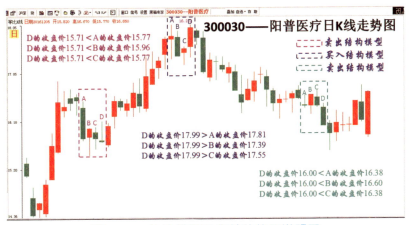

图 6.3.F　结构模型不宜单独使用说明图

图 6.3.F 是 300030——阳普医疗从 2016 年 9 月 9 日到 2016 年 12 月 5 日的日 K 线走势图。图中我们可以看到，这段时间的股价经历了从低点上涨到达高点之后开始下跌的倒 V 字型走势。

观察这段走势，我们发现 2016 年 9 月 26 日到 29 日之间股价的走势（如图中粉色虚线框标识处）与卖出结构模型非常类似，恰好是"阴线＋阳线＋阴线＋阴线"的组合，将 4 根 K 线分别标记为粉色的"A、B、C、D"。

前文中提到，构成卖出结构模型的要求是：A、C、D 为阴线，B 为阳线，且 D 的收盘价分别小于 A、B、C 的收盘价，即 D 的收盘价小于前 3 个交易日中的最低收盘价。

实际走势中，A、B、C、D 4 根 K 线的收盘价分别为：

A（2016 年 9 月 26 日，收盘价为 15.77 元）；

B（2016 年 9 月 27 日，收盘价为 15.96 元）；

C（2016 年 9 月 28 日，收盘价为 15.77 元）；

D（2016 年 9 月 29 日，收盘价为 15.71 元）。

可以看到 D 的收盘价分别小于 A、B、C 的收盘价，且 A、C、D 为阴线，B 为阳线，则卖出结构成立。

如图所示，在实际的走势中，卖出结构模型成立之后股价不仅没有下跌，反而开始了一波上涨。若投资者根据卖出结构模型卖出，则错过了一大波利润。

随着股价的上涨，在 2016 年 10 月 21 日到 26 日之间（如图中蓝色虚线框标识处）股价出现了一小波回调，其走势与买入结构模型非常类似，都是"阳线＋阴线＋阳线＋阳线"的组合，将 4 根 K 线分别标记为蓝色的"A、B、C、D"。

前文中提到，构成买入结构模型的要求是：A、C、D 为阳线，B 为阴线，且 D 的收盘价分别大于 A、B、C 的收盘价，即 D 的收盘价大于前 3 个交易日中的最高收盘价。

走势图中，A、B、C、D 4 根 K 线的收盘价分别为：

A（2016 年 10 月 21 日，收盘价为 17.81 元）；

B（2016 年 10 月 24 日，收盘价为 17.39 元）；

C（2016 年 10 月 25 日，收盘价为 17.55 元）；

D（2016 年 10 月 26 日，收盘价为 17.99 元）。

可以看到 D 的收盘价分别大于 A、B、C 的收盘价，且 A、C、

D 为阳线，B 为阴线，则买入结构成立。

如图所示，在实际的走势中，买入结构模型成立之后股价不仅没有上涨，反而开始了震荡下跌，若投资者根据买入结构模型操作，则可能蒙受损失。

在接下来的走势中，随着股价的下跌，在 2016 年 11 月 21 日到 24 日之间（如图中青色虚线框标识处）出现了与卖出结构模型非常类似的走势，4 根 K 线为"阴线＋阳线＋阴线＋阴线"的组合，将 4 根 K 线分别标记为"A、B、C、D"。

前文中提到，构成卖出结构模型的要求是：A、C、D 为阴线，B 为阳线，且 D 的收盘价分别小于 A、B、C 的收盘价，即 D 的收盘价小于前 3 个交易日中的最低收盘价。

实际上 A、B、C、D 4 根 K 线的收盘价分别为：

A（2016 年 11 月 21 日，收盘价为 16.35 元）；

B（2016 年 11 月 22 日，收盘价为 16.60 元）；

C（2016 年 11 月 23 日，收盘价为 16.38 元）；

D（2016 年 11 月 24 日，收盘价为 16.00 元）。

可以看到 D 的收盘价分别小于 A、B、C 的收盘价，且 A、C、D 为阴线，B 为阳线，则卖出结构成立。

如图所示，在实际的走势中，卖出结构模型成立之后股价仅下跌了一个交易日就开始了一小波反弹走势。若投资者根据卖出结构模型进行操作，则不能把握到这一波反弹的利润。

本案例中一共出现了 3 次符合结构模型的走势，其中两次卖出一次买入，但 3 次结构模型出现之后股价的运行方向都与预测结果不符，甚至完全相反。此时的结构模型完全不像之前的案例中一样神奇，这是因为什么呢？

造成这种情况的原因与买入或者卖出结构模型的性质有关，实际上买入或者卖出模型成立预示着趋势加速变化，但这种加速变化亦可能导致趋势的提前终结。

以买入结构模型为例，当模型成立之时，即是股价加速上涨的预兆。但如果此时股价上涨动能不够强大的话，这种走势很可能会把原本持续时间较长的平缓上涨，变成持续时间较短的激烈上涨。极端一点，甚至K线D收出一根长阳线之后次日就开始下跌。

所以在买入结构模型中，K线D一般为中阳线或大阳线。而在实际使用时，当趋势不明朗时，若买入结构模型K线D为一根实体很长的大阳线，或者股价已经上涨了较长时间或者空间的话，不宜盲目买入，因为这根大阳线很可能会耗尽股价上涨的动能，使股价开始下跌。

根据本案例，我们可以知道，买入或者卖出结构模型脱离镜转模型之后，其判断的准确程度就不能得到保证。或者说当趋势不明朗时，买入或者卖出结构模型若先于镜转模型基础成立，则其准确度就难以保证。这两种结构模型只能辅助镜转模型或者其他合适的模型对股价进行判断，其自身无法单独作为判断股价转折的依据。

所以我们说，这两种结构模型不宜单独使用。

模型加油站　外挂模型

在本章第三节中介绍了买入结构模型与卖出结构模型两种外挂模型，也介绍了在不同的情况下这两种外挂模型的用途。

实际上，买入与卖出结构模型还有一个用途，那就是结合破位止损原则获取更多的利润。

我们来看下面的案例：

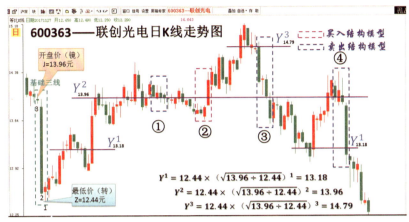

图 6.J.A　外挂模型与破位止损的配合图

图 6.J.A 是 600363——联创光电从 2017 年 7 月 11 日到 2017 年 11 月 27 日的日 K 线走势图。

当股价从低点开始上涨时，我们就可以尝试建立上涨衍式镜转模型了，我们首先通过前期低点 2017 年 7 月 18 日的 12.44 元确立基础三线。

将最低点所在的 K 线标记为 K 线 1；在 K 线 1 左侧寻找最近的相对于 K 线 1 高点、低点都抬高的 K 线，标记为 K 线 2；之后根据 K 线 2 找到 K 线 3，确立基础三线（如图中青色虚线框标识）。

"镜"的值为 J=13.96 元，"转"的值为 Z=12.44 元。将这两个值代入公式可求得第一到第三重影的目标位。

$$Y^1 = 12.44 \times (\sqrt{13.96 \div 12.44}\ )^1 = 13.18$$

$$Y^2 = 12.44 \times (\sqrt{13.96 \div 12.44}\ )^2 = 13.96$$

$$Y^3 = 12.44 \times (\sqrt{13.96 \div 12.44}\ )^3 = 14.79$$

观察图中的走势，可以看到股价在每一重影的位置都很不干脆，总要突破或跌破几次。根据前文所述，这种情况下应该依据破位止损原则进行操作。

即如果买入位选择得比较激进，当股价首次跌破目标位时应果断出局观望，随后股价再次回到目标位之上亦不宜激进买入。若股价大幅上涨，远离目标位，则可在股价实体强势突破下一重影目标位时尝试入场；若股价开始下跌，可在确认股价受到上一重影目标位支撑后尝试入场。

破位止损原则的缺点就是慢，为了资金的安全性和让研究者在面对走势意料之外的变化时不会不知所措，错失机会，破位止损原则以简单和安全为第一原则。但是破位止损原则的安全性是建立在排除掉一些机会与风险并存的买入位置的前提下。

通过灵活运用买入和卖出结构模型和熟悉股性，研究者可以做到把握住这些根据破位止损原则把握不到的走势变化。

如图 6.J.A 所示，根据这段走势我们可以建立 8 个结构模型，其中 3 个买入结构模型，在图中用粉红色虚线框标识；5 个卖出结构模型，在图中用蓝色虚线框标识。

这 8 个结构模型都满足模型成立的条件，感兴趣的研究者可以逐一计算一番。提示大家一下，留意这些模型的区间以及 K 线 D（即模型中第四根 K 线）的实体长度与之后走势的关系，也许会有新的发现。在这里由于篇幅的原因（在这里列举大量的数据难免有灌水的嫌疑），这个小规律就交给大家去发现了。

下面我们来分析一下案例中的 8 个模型。

在分析第一个模型之前，首先要强调的是，在买入或卖出结构模型中，开盘价与收盘价相等的十字星是不被视为阴线或者阳线的，也就是说，包含这种十字星的走势是不能建立买入或者卖出结构模型的。

如本案例中 2017 年 8 月 1 日这一天开盘价和收盘价就都是

13.21 元，所以虽然这根十字星在 K 线图中被标记为红色，但不能作为阳线，所以此处（这里的此处指的是包括 8 月 1 日在内的 4 根阳线，其走势与买入结构模型非常相似）无法建立买入结构模型（虽然假如模型成立的话后市也的确是上涨的）。

我们首先来看图中左起第一个买入结构模型（图中①标识）。可以看到，这个模型成立之后股价立刻由原本的上涨走势变为横盘走势。这种情况在描述结构模型的性质时也提到过："买入或者卖出模型成立预示着趋势加速变化，但这种加速变化亦可能导致趋势的提前终结。"本案例就属于股价经历过一段时间的上涨之后，出现买入结构模型耗尽了上涨动能的情况。一般来说，这种情况出现时，模型中的 K 线 D 实体会比较长（买入和卖出结构模型都是如此），所以当遇到 K 线 D 比较长的结构模型的时候，要考虑到股价反转的可能。在本案例中，就是提前确定好止损位。

股价转为横盘趋势之后不久就出现了第二个结构模型，如图所示，这是一个卖出结构模型（图中②标识），出现在 Y^2 目标位附近。这个模型成立很勉强，K 线 D 实体很短，而且收盘价比 A、B、C 只低几分钱（差距最小的仅相差一分钱），股价明显在此处受到支撑，但成立的是卖出结构模型，说明股价即使要开始下跌，下跌动能也不强。在随后的走势中，股价开始震荡，并且微幅下跌。

随后的两个结构模型在图中分别用③和④标识，模型③是卖出结构模型，模型④是买入结构模型。两个模型紧紧挨着，一个买一个卖，这种情况容易让初学者不知所措。但其实这种情况应对起来也简单，结构模型的性质是：当两个结构模型相邻的时候，以后一个结构模型为准。所以我们可以忽略模型③，专注模型④。模型④是一个买入结构模型，并且 K 线 D 还突破了 Y^2 的目标位，两相印证，可以判断这是一个不错的买点，在做好止损后可以尝试入场。

当股价上涨了 12 个交易日之后，出现了模型⑤，并且 K 线 D 的实体很长，这与模型①非常相似。如果你在这里没有做好风险防范的话，你一定是一个合格的"英式投资者"（英国股市有句谚语，叫：投资者是一种忘记了反省的人）。

模型⑤出现之后股价如期下跌，这个位置如果你根据衍式镜转模型或者应用破位止损原则是完全把握不到的。

模型⑥出现在股价开始下跌之后不久，是一个卖出结构模型，并且 K 线 D 是一根长阴线，这时候千万不要惯性思维认为这个卖出模型一定会提前耗尽下跌动能，造成股价上涨。首先这种模型之所以叫做卖出结构模型是有原因的，其次 K 线 D 正好是跌破 Y^2 的 K 线，属于两相印证的情况，不宜盲目入场。此时的正确做法是结合附近可能起到支撑作用的前千影目标位，留意可能的机会，不要急于入场。实际上走势并没有开始反弹或者反转，而是继续下跌，所以管好自己的钱，这时候保持空仓才有吃饱的机会。

但是通过观察走势可以发现，模型⑥出现之后股价下跌的节奏变缓了，可见这个模型消耗了下跌的动能，可以结合支撑位寻觅入场机会。

当股价接近目标位 Y^1 的时候出现了模型⑦，模型⑦是一个卖出结构模型，K 线 D 的实体不大。整个下跌走势中出现两次卖出结构模型，下跌动能有耗竭的可能。但模型⑦ K 线 D 的阴线较短，就算出现上涨也是反弹的可能性大，反转的可能性低。

模型成立之后股价正式跌破 Y^1 目标位，此时仍然不宜入场。随后股价开始反弹，突破 Y^1 目标位，预示下跌动能耗竭，此时可尝试入场。

在实际的走势中股价果然在一波反弹之后又开始下跌，上涨转下跌的 4 根 K 线恰好构成了模型⑧。模型⑧是一个卖出结构模型且 K 线 D 正式跌破 Y^1 目标位，两相印证，接下来走势继续下跌的概率大，此时应保持空仓，躲避风险。

可以看到，在这一案例中，结构模型被正常使用、反向使用，其振幅、形态、出现的位置以及相对于衍式镜转模型目标位都可以用作判断股价变化的依据，极大地弥补了破位止损原则的缺陷。

但是在实战中，想要活用买入或卖出结构模型有两个要点：一个是要了解结构模型的性质，知道什么形态代表什么含义，什么时候该正常使用，什么时候该反向使用；第二个是一定要熟悉股性，不建议在不熟悉的个股上贸然使用，并且牢记市场永远是概率的产物，没有什么是绝对的，要随时做好止损。

扫码观看《模型理论》讲解视频
解决学习、应用模型理论中的一系列问题

第三卷　"悟"出自己的路

依稀记得读过这样一则故事：

传说有位不语禅师非常有名，经常有人来向他求教佛法。但是不语禅师人如其名，很少说话，经常通过手势为别人解答疑惑。

禅师的一个弟子对此很是不解。

终于有一天，禅师的这位弟子鼓起勇气，向禅师说出了心中的疑惑。

于是当又有人来求教佛法的时候，禅师便让这位弟子穿上自己的衣服坐在蒲团上，自己则换上弟子的衣服侍立在身旁。

来人进来后问坐在蒲团上的弟子："什么是佛？"

弟子回答不出，慌乱中不知所措，便东看看西看看。

来人一头雾水。

一旁侍立的不语禅师道："禅师的意思是'人有东西，佛无南北'。"

来人若有所悟，于是又问："什么是法？"

弟子仍回答不出，但料定禅师在身边，不再担心，于是神游物外，视线上下飘忽。

一旁的不语禅师又解释道："禅师的意思是'法无高下之分'。"

来人又问道："什么是僧？"

弟子当然还是答不出来，干脆闭上了眼睛。

不语禅师道："僧在白云生处高卧。"

来人大为叹服，恭敬拜别。

对于这个故事的理解众说纷纭，真正让我对这个故事记忆犹新的原因，是不语禅师对"何谓佛""何谓法""何谓僧"这三个问题的回答。

市面上的炒股书籍不少，网络上阐述炒股技巧或者理念的文章更是不知凡几，但是哪些方法是最适合自己的？哪些理念又值得真正地贯彻下去？

"人上一百，形形色色"，我可以同时给成百上千人传授知识，但不可能给每个人量身打造投资方式。

投资之道，还是要"悟"。我思考了很久，在股市中最好的"悟道"方式，大概是"佛祖拈花，迦叶微笑"。

第三卷

"悟"出自己的路

第七章　股市禅机

前两天买股票时一不小心敲错代码了。

结果今天早上一看，涨停了！

第三卷

『悟』出自己的路

第一节　僧在白云生处高卧

一间茅屋在深山，白云半间僧半间，白云有时行雨去，回时却羡老僧闲。

——郑板桥《山居》

心怀发财梦，不宜入股市

63岁入市，在老战友炒股买了两套房的"先进事迹"鼓励下，一向喜欢慢半拍的老张也赶了一把"时髦"，买了5000元的股票。

不接触粮票、肉票好些年了，对于股票，老张着实有些抓瞎——这玩意儿不论张卖，论手卖，难道是5张绑一起卖的？

听隔壁老李家的女婿说，现在是什么牛市，买啥都赚钱，反正那后生张口闭口"ABCD、KQJ"看上去挺专业，洋玩意儿咱不懂，但老李买啥咱买啥不就行了，他家的女婿还能坑自己老丈人不成？

从营业部回来，老张喜滋滋地给老战友打电话"报喜"——咱也是要发财的人了。

抱着发大财的目的走向华尔街，也许生活费都赚不到；抱着赚点生活费的目的走向华尔街，也许恰恰发大财。

——华尔街谚语

如果你已经做好了发财的准备，请千万远离股市。

正如刚得到一个新玩意的毛头小子总是忍不住到处炫耀一

样，心怀发财梦的人也很难沉下心来等待时机，他们会觉得兜里的钱在不停地发热，吵着："放我出去！"

这种人的投资信条就是："绝不空仓，绝不离场！"

他们总是盲目听信身边投资"专家"的建议买入股票，或者草草瞥了两眼股票的走势或者公司的财务报表就下定决心全仓买入——大多数情况下，这是亏损的第一步。

有人做过统计，大多数人进入股市，通常不是因为市场向好，而仅仅是为了赶时髦。他们购买股票的原因仅仅是因为身边的人买了或者赚了，而不是发现市场正孕育着机会。

这种盲目的入场方式，往往是心怀发财梦的人的不二选择。

现在你做好发财的准备了么？

别因为炒股而焦头烂额

"一入股市深似海，从此清闲是路人。"今年 29 岁的钱生是一家大型企业的小职员，一直过着朝九晚五，周末双休的清闲生活——最起码 3 年前是如此。

自从 3 年前钱生开始涉足股市，就被股市压榨了所有的业余时间，每天抓心挠肝，心心念念，甚至连上厕所的那几分钟都要掏出手机看一眼股市。

要说钱生的时间也没白付出，从道氏七条到格兰威尔八大法则，从均线到威廉指标，从日本的蜡烛图到美国的点线图……林林总总就没有钱生不懂的。

每次买卖股票钱生都要"神叨"好久，从基本面分析到技术面，从摆动类指标分析到量能类指标，最后总要找出一个被股市中大多数理论和指标都"认可"的买卖点，才进行操作。

"没有金刚钻，就别揽瓷器活"。看着自己股票池里面的那一片"自然色"，钱生疲惫地揉了揉眉心，觉得自己最近有点心力交瘁，"钱生啊钱生，你又没长三头六臂，炒什么股啊！这不自己找罪受吗？"

想在市场中获胜，需要了解自己的性格，自己的长处和短处，并琢磨与之相适应的交易方法。

——松寸辰次郎

老话说："尽信书不如无书。"指标也是一样，当股市中所有的理论和指标都告诉你可以买入的时候，通常股价已经涨得差不多了。

而且分析股市最怕的就是什么都信，什么都听，不成体系的投资方法之间完全有可能互相矛盾。况且股市变化莫测，走势形成之前各种指标都是"公说公有理，婆说婆有理"，什么都听的结果不是在犹豫之间错失机会，就是盲目买入盲目卖出，长此以往，结果可想而知。

炒股不需要三头六臂，但是你需要从成百上千的投资理论和方法中找到最适合自己的。

所以建立自己的一套投资系统是非常重要的。

炒股要有谦卑的心态

金世，20岁，名牌大学金融专业大三学生。

一阵"啪啪啪啪"的键盘声之后，笔记本电脑前的金世推了推脸上的无框眼镜，看着屏幕上显示的××集团公布的财务报表，脸上挂起淡淡的笑容，"这应该是一个上好的机会，正好今年的奖学金也该到手了。"

"怎么样？高才生，你研究出什么来了？"上铺的室友放下手机，笑着问道。

"嗯，"金世应道："发现了一家营业利润率不错的公司，股价也不高，正打算把奖学金投进去。"

"不是吧，你认真的？"室友奇道，"这年头炒股亏本的可不少啊。"

"我可不是你，就知道旷课泡妞！"金世推了推眼镜，"我可是×大金融专业的高才生，股市，洒洒水啦！"

不管你是金融专业出身，还是在其他领域享誉盛名，都要慎重对待股市。因为股市既是市场，也是人心；既是战场，也是棋局。

股市里所有的一切都没有定式，所有的规律都仅仅是概率，在其他领域所取得的成就可以成为你的优势，但不能成为你在股市中肆意妄为的依仗。

入我门来，前世莫问。

入市之前端正自己的心态是非常有必要的，无论你懂得多少理论和方法，无论你有多少资金，请记得，在入场时你只是个新手，必须时刻对市场保持敬畏。

慎重买入，爽快卖出

从证券营业部回到家，老张挺开心。一方面今天本来打算卖掉的股票涨了，虽然上次打电话的时候老战友劝他今天就卖掉这只股票，但是老张在证券营业部犹豫了半天，最后还是没舍得卖，毕竟这一天就赚了两百多，明天哪怕只能赚一半也开心呐。老李家女婿不是说了吗？现在是牛市，不会亏的。

另一件让老张开心的事儿是在营业部的时候有一个老股民的弟弟来找他，张口喊了一声"哥（割）"，老股民当时就急了"割什么割？就不割！"

老张寻思，这不有病吗？就一个称呼，至于迷信成这样吗？

这时门铃响起，老张起身去开门。

门开了，自己的侄子张军提着一包东西走了进来。

"叔，我来看您了。"张军的普通话相当标准，没一点口音。

听着这熟悉的称呼，想起那刚赚了两百多的股票，老张却是心中一动。

落座之后，老张点起一根烟，抽了一口，犹豫了一下道："小军呐……"

"怎么了，叔？"

"你还是……叫我'shou（二音）'吧。"（注：方言，管叔叫 shou）

……

"资金要全部投入进行操作，投资的效率才会比较好"，越是水平低的人越会这样想。

——林辉太郎

炒股这件事，应该是像选宝贝一样地细细挑选决定买入，像扔垃圾一样毫不留恋地卖出。最忌讳的就是买的时候随随便便，卖的时候犹犹豫豫、各种不舍。

还有一种典型的错误行为就是全仓入市，不留盈余，这种方式不一定能够获得最大的利润，却一定要承担最大的风险。通俗来说，就是涨的时候不一定有你，跌的时候你八成跑不了，所以经常买了就跌，卖了就涨的朋友，不妨好好反思一下自己的仓位问题以及是以什么样的心态选择的买卖点。

股市里说故事，故事外话股市"僧在白云生处高卧"实际上是一种很怡然的状态。平时隐藏在白云生处，高枕无忧，只有关键时刻真人露一下相，轻取利润，飘然而去。

这种投资思路的逻辑是以个体代表整体，无论股市如何变化，我只坚持一种方法或者只做一种股票。

这种思路一般采取几种投资策略：第一种是只选择特定的走势或者信号出现时进行操作，比如只在极度背离的时候才会进行操作；第二种是只选择特定类型的股票操作，比如只打新股追涨；第三种是只选择时节性的机会操作，比如年末时候的年报红包行情。

平时就空仓"高卧"，股市是牛是熊，大盘是涨是跌，统统跟我没关系。比如前文中提到的钱生，即使不能把自己的所学归纳为一套完善的投资体系，但是只要能坚持用这种思路进行投资，获利之余，也可以摆脱"一入股市深似海，从此清闲是路人"的窘境。

但是这种思路并非适合于每一个人，它适合于那种有耐心、有毅力的投资者。其特点就是操作频率极低，因为选择的投资机会都是极少出现的，所以那种喜欢常年泡在股市里的投资者，是绝对不适合这种思路的。

另外还需要注意的是，这种操作策略一般不会遇到风险，但是却难以防范系统性风险，因为是个别的情况，所以是涨是跌都很个别，不能通过其他的数据判断和回避风险。

比较典型的案例是有一位姓左的朋友一直坚持这种投资思路，他只做高送转的股票，获利颇丰，因为这种思路属于典型的懒人策略，他平时也不需要花大量的时间扑在股市上，一直以来都算是"高枕无忧"。

2017年选择了南威软件，正赶上打击高送转，大半年的收益全亏进去了，辛苦大半年，一朝回到解放前。

180

第二节　法无高下之分

"是法平等，无有高下。"

——《金刚经》

对股市保持合理的关注度

钱生觉得自己一直以来的忙碌终于开始得到回报了。从上周开始，手里的股票统统开始绿转红。最近一段时间，钱生实在是被这些股票折腾得够呛，早就打定主意解套一个出一个，出货出得不亦乐乎。看着本金逐渐收了回来，有的还因为出货的时候慢了一点而小赚一笔，钱生是着实松了口气。

可是出完货之后看着那些被自己抱了大半年的"宝贝股票"纷纷开始继续上涨，钱生又开始纠结……

与正在纠结的钱生相比，身为金融高才生的金世现在可谓是春风得意，3000 元奖学金投入股市，这才没几天就变成了 4000 多元，净赚了 30% 多。金世毫不犹豫把这个月的 2000 元生活费也投了进去，点开了网购界面，开始合计赚到的这些钱要买点什么……

证券交易所 星期一 下午 3 点

老张看着大屏幕上自己的那只股票后面跟着的红色数字，长出了一口气，隔壁李家的女婿说了，这数字是红的，就代表今天又赚了。

"我就说嘛，股票是赚是亏和侄子叫我啥有什么关系。"老张一边喃喃自言自语，一边慢吞吞地转身离开了交易所。

无论选择什么样的投资方式，都要对股市保持合理的关注度。不管是像钱生一样过于关注股市，还是像金世一样过于自信，在毫无止损机制的情况下，还疏于对股市的关注；抑或像老张那样对股市一知半解，每一天对涨跌数据疑神疑鬼，都是不可取的。

了解一些股市中的常识和规律可以帮助投资者规避许多风险或者排除错误信息的影响。

总而言之，投资者要正视股市，也要正视自己，要知道股市可以预测，但不可掌握。在股市中要时刻小心，每一分轻慢都可能是亏损的缘由。

卖掉上涨的股票是一种愚蠢的行为

星期一 凌晨4点

"撑死胆大的，饿死胆小的，拼了！"纠结了一晚上，两眼通红的钱生终于下定了决心："最后做这一波牛市，赚了钱就收手。"

钱生一个鲤鱼打挺从床上翻了起来，走进书房，翻开自己的笔记本，这上面记载了综合所有钱生能想到的因素之后选出的最"好"的几只股票。

好不容易忍到10点，股票池中12只红色的股票全部买入，10万元本金一点不留。钱生早就计划好了，这次要广撒网，多捞鱼！

等到中午休市的时候，在营业部站了一上午，盯盘盯到眼睛发酸的钱生额头都开始出汗了。

倒不是股价跌了，12只中11只都在涨，涨幅有高有低。刚开始钱生还挺高兴，但很快就高兴不起来了，就怕股价跌下来，把利润再吐出去，恨不得马上把赚钱的股票都卖掉，赶紧把收益落袋。偏偏国内是"T+1"，最快也得明天开盘才能卖出股票。

钱生看着波动上涨的股价，反而觉得越涨越慌，几分钟就把

12 只股票挨个看一圈，就怕股价趁他不注意跌下来。

总算等到中午 12 点，钱生这才惊觉自己的全身都僵硬了，擦了擦额头的汗，抬头又看了一眼股价，双手合十在胸前用力摇晃，祈祷道："满天神佛，各路财神，千万保佑下午股价不要跌下来，让我明天顺利出货……只要我赚了就给各位塑金身。"

……

晚上回到家，脱了外套往沙发上一瘫，钱生感觉自己整个都虚脱了，掏出手机又确认了一遍，12 只股票有 9 只还是红的，明早卖出差不多能净赚 5000 元。

赚的钱明天再挑几只涨得好的买入，至于那些跌的，就等着涨起来解套之后再出货——怎么着也不能亏钱不是？

"按照一天 5000 元的节奏，我都可以考虑当全职炒手了。"钱生制定好自己的投资策略，觉得心中放下了一块大石头。

"手中的股票涨的都卖了，跌的留着等解套"绝对是新手最容易犯的错误，也是最致命的错误之一。

仔细想想，如果按照这种策略操作下去，首先黑马一定是抓不住了，日常的盈利也只是股价启涨的那一小段，下跌的那些股票可是直接拿到最低点的，这种情况下还想赚钱？

其次，不管选股方式多么科学，选出的股票都有一定概率是下跌的。把上涨的都卖了，下跌的留下，卖掉股票的钱，又继续选择股票，新选择的这些股票中一定有涨有跌。然后继续涨的卖了，跌的留着——恶性循环之下，手上不攒一堆垃圾股才怪！

所有上涨都是股市中的陷阱

老张最近喜欢上了每天下午 6 点多去逛人民广场，倒不是有了啥遛鸟之类的"雅好"，人民广场上总有三三两两的股民聚在一起聊股市，懂行的人头头是道地分析，还告诉你买啥。老张都拿本记了下来，就算自己不买，也觉得心里敞亮。

可是今天老张到了人民广场，发现股民圈子里的气氛明显不对，昨天还信誓旦旦地说今天大盘会突破 7000 点的秦老头像是霜打的茄子一样，蔫了。

"我就是去了趟厕所，回来后一套房子没了！"老张才凑了进去，就听见嗓门最大的孙老头唾沫横飞地嚷嚷道："从涨停到跌停只用了 9 分钟！"

听人说，这老孙头是个退休工程师，股市中有 500 多万元，人有点耳背，嗓门特大，平时穿的也不讲究，一点也不像个有钱人。

"哪有那么夸张？ 10 分钟不到赔出一套房子钱，这老孙头真会吹牛。"老张心里嘀咕了一句，凑上去问道："怎么了？"

"你赔了多少？"往日显得精神奕奕的王老太今天也有点憔悴，看见老张，小声问道。

"什么赔了多少？"老张一头雾水，忽然想起今天有亲戚来家里串门，一天没看股市行情了，心里"咯噔"一下："莫不是股市跌了？"

"你不知道？"王老太奇怪地看了他一眼。

"不知道。"老张有点反应不过来，只觉得心中不好的预感越来越强烈，有种掉头离开的冲动。

"今天下午股市暴跌，两市直接跌停，不少股票都是直接从涨停到跌停的。"说到这，王老太扬了扬下巴示意那边还在唾沫横飞的老孙头："那边就有个人的股票直接从涨停到跌停的，20 万没了。"

"嘶——"老张倒吸了一口凉气，声音都有些发颤了："所有股票都跌停了？"

"哪能啊。"王老太说道："2000 多只股票呢，不可能都跌停，说不定今天还有涨的呢！"顿了一下，又道："你还是赶紧回去看一眼自己的股票吧，也许就是红的呢。"

老张惶惶然回到家，打开电脑，看着跌停的股票，有些茫然。客厅的电视里，"股市专家"还在声嘶力竭地强调，这只是系统性风险，无可避免，但牛市还未结束！股价还会涨回来的。

老张眼睛一亮，好像抓住了救命稻草："对啊，现在是牛市嘛！之前又不是没调整过，还会涨回来的，多等两天的事儿。"

平复下心情，老张起身开始准备晚饭。

……

"到底是戴尔的好还是苹果的好呢？"寝室里金世盯着屏幕一直嘀嘀咕咕，自言自语，室友喊了他两声才反应过来。

"喂，金大才子，听说今天股票跌了，你这边情况如何啊？"

"什么？跌了？等我了解下情况。"

一阵啪啪啪啪后，金世长出口气，推了推眼镜，瞥了室友一眼："大惊小怪！这次是系统性风险。我选的这家公司目前营业利润率还在上涨，净资产收益率也不错，这些小的波动无须在意。等过两天涨回来我就出货。到时候用 5000 元买一个新的笔记本，1000 元给父母买点东西，还能剩下 2000 多元的生活费，完美！"说着，还打了个响指。

"听说炒股这事儿，风险挺大的，你还是小心一点。"

"没听过'难者不会，会者不难'么？炒股？洒洒水了，你要不要入股？到时候赚了钱给你分成。"

……

"跌了，跌了，全跌了，怎么办，怎么办，怎么办？"钱生双手插在头发里用力抓着自己的头皮："不是说系统性风险 10 年难遇么？为什么是我？我马上就要收手了啊！从股市里拿出钱来就这么难吗？"

……

两个月后，大盘从 6900 点跌到 2900 点。

……

"亏了 5 万，亏了 5 万，不是说牛市没有结束么？牛呢？牛呢？你们这群骗子！"证券交易所里，钱生一边咆哮着一边把自己用来分析股市的笔记本撕成碎片："假的，假的，都是假的。指标是假的，技术是假的，股评也是假的！都是假的！"

"先生，先生！"交易所里顿时一片混乱，挤进来看热闹的路人，试图维持秩序的保安，心灰意冷往外走的股民，沉静了一个多月之后，疯狂与喧嚣再次笼罩这里。

……

从证券交易所里挤出来，老张揉了揉自己差点闪到的腰，想到那个发癫的后生，长叹一声，摇了摇头，慢慢往家的方向走去。

路过转向人民广场的岔道，老张犹豫了一下，还是没有过去。说起来，那块伤心地也好久不去了，上次偶然间路过，平时吵吵闹闹的老孙头、王老太一个都不在了，大概都在暗自伤心吧，可千万别像刚才的后生一样发起疯来。

回想自己前前后后往股市里投了两万元，最高的时候连本带赚能有 5 万多元，如今竟然只剩下几千元，这股市可是连棺材本都没给自己留啊。

都怪自己财迷心窍，当初赚 5 万元的时候股价跌下来就该卖掉。偏偏信了李家女婿的说法，认为这是什么回调，很快还会继续涨的。当时寻思，反正之前也涨了那么些天了，调几天应该没啥问题，结果调来调去，愣是把 5 万调成了几千。嘿！听说老李亏得更惨。为这事儿李家的女婿女儿差点离了，要说这人呐真不能不懂装懂，害人害己啊。

老张一路唉声叹气地回了家，结果屁股还没坐热，门铃就响了起来。

……

X大宿舍，月底。

"金大才子，你欠我的那1000元该还了吧，再这样下去，兄弟我连泡面都快吃不起了。"看着推门而入的金世，室友抱着一桶刚泡好的泡面，可怜分分地道。

金世插在兜里的右手攥紧了身上最后的2.5元钱，没有接话，脸上的表情有些失落，也有些沮丧。

打开电脑，查了一下那家公司的财务报表，各项数据仍然都很不错，但是股价也仍然在下跌……

想起这两个月来坚信这只股票马上就能涨回来的自己，不仅没有及时卖出，还找室友借了1000元摊平成本。如今入市的5000元取出来只剩2000多元，还了室友的钱之后，连生活费都紧巴巴的，什么新的笔记本电脑，给父母的礼物统统成了泡影……

但是自己已经花光了身上的钱，不得不承认自己的失败了。

"股市确实不想我想象的那样简单。"长叹口气，金世默默地打开了交易界面。

……

所有的上涨都是庄家和主力的阴谋。所谓牛市就像是蜘蛛精心编织的一张网，网没有织好之前没人意识到这是个机会。随着网织得越来越完整，散户、庄家、主力群魔乱舞，各自欢腾，收网之时，没来得及逃走的统统入彀。

所有投资者都必须有这样的认识，股市里伴随着上涨的永远是风险，当身边的人都开始疯狂的时候必须要保持冷静。

只知道自责和怨恨，却不及时采取措施的钱生；坚信自己选择的股票马上就能涨回来的金世；心慌慌眼茫茫，完全慌了神，不知道该怎么办的老张，都是前车之鉴。

钱生的问题在于光说不动，不断给自己增加心理压力和负能量，但是却不采取行动改善当前的情况，反而像鸵鸟一样缩起来，套了就套着，死扛到底，自然亏损惊人。无论情况多么出乎你的意料，积极地采取行动都是在股市中生存下去的最好方法。

金世的问题除了盲目自信之外，还有就是不尊重趋势。股市中的任何判断都要按照先大后小、先长后短的顺序，如果大的趋势是向下的，就要做好一切的风险防范措施。

股市里有一句谚语："职业炒手最大的敌人是你自己，而不是对手。"很多人之所以亏损严重就是因为不肯认错。

炒股要从认错开始，当你认识到自己错了，就要果断改正。炒股不能倔强，不能沉溺于过去的经验，不要偏执，把知识学死了，不如不学，不要怨天尤人，先学会概率，再谈思维，再谈方法。

老张的问题是盲目听信，在投资时，媒体上的消息，尤其是所谓的专家分析，一定要小心对待。因为不是每个人都会为自己说出的话负责，引导舆论也是主力和庄家坑小散的惯用手段之一。

记得有一本书中写过这样一段话："流言就像是人体一样，75%都是水分，我们需要做的，就是把水分从耳朵里挤出去。"

股市里说故事，故事外话股市。

佛家认为众法平等，没有高下之分，自然也就没有"何谓法"的问题了。

股市中的法也是如此，所有的模型与方法本质上都是为了预测股价的走势在一个特定的时间满足特定的条件，大概率产生特定的结果。

实际上，股价的加速阶段在开始之前都是有迹可循的，就好像是烟花一样，无比璀璨但却一闪而逝，难以把握。但是在烟花绽开之前，一定会有"嘭"的一声，这是火药把烟花送上高空的声音，听到声音立刻抬头就能看到烟花。

所以在市场变化之前都会有蛛丝马迹等待先知先觉者去发现。

第三节　人有东西，佛无南北

人虽有南北，佛性本无南北。

——六祖慧能

学会区分理由和借口

老张打开门，就见到老战友正捧着个保温杯，一脸的褶子笑得见牙不见眼——不对，这老货的牙早就掉光了。

把一脸笑容的老战友请进客厅，坐在沙发上，老张总感觉哪里不对。

【不对啊，他不是也在炒股么？股市跌成这样，他还笑得出来？】

老张一问，就得知老战友在大盘刚开始跌的时候就把股票都卖了，如今正打算再物色一套房子呢！

老张这才琢磨过味儿来，感情股市里不是所有人都赔钱的？！

于是一把拉住老战友的手，声泪俱下："老战友啊，拉我一把吧！"

老战友哭笑不得："怎么了，老张？"

"都是炒股，你看你这都给儿女置办三套房子了，我这连自己的棺材本都快赔光了啊！"老张诉苦道。

"怎么回事儿？"老战友拧开保温杯的盖子，把它放到了面前的茶几上。

"本来炒得挺好的，"老张一屁股坐在了对面的沙发上，"这不跌了吗，全亏了。"

"你当初选的哪只股票？"

老张熟练地报出了一串代码。

"在哪买的？"

"2.41 元。"

"为啥在这买？"

老张顿住了，嗫嚅了半天，也没说出个结果来。

老战友睁大了眼睛："连个根据都没有你就买了？"

"可是买了之后我赚了呀！"老张梗起了脖子。

"所以你现在才会赔掉棺材本！"

老张不作声了。

"炒股首先要做的三件事就是选势，选股，选时。"老战友竖起三根手指，"选势就是判断趋势，如果趋势是上涨的，才开始考虑买进；选股就是选择有上涨潜力的股票，在此基础上锁定买入点和止损点，叫作选时。"

在寻找买入的依据时一定要学会区分理由与借口，理由是客观存在的条件，而借口是主观放大的利好，比如"股价在此处受到支撑"就是一个理由，而"大家都说这里是低点"就属于借口。

在面临亏损的时候，还特别容易出现另外一种情况，就是投资者只关注股价的利好因素，而忽视那些利空的因素。这无疑是一种自我催眠一样的可笑心态，就好像看到前方的悬崖不选择转向而选择蒙住眼睛一样。

我不做大"哥（割）"好多年

"哦，原来是这样。"老张听得似懂非懂，犹豫了一下，还是问出了心里最关心的问题："那我现在该怎么办？"

"卖了。"老战友眼皮都不抬一下，端起保温杯来轻轻抿了一口。

"卖了？！"老张声音都高了八度，"卖了不就赔了么？李家女婿说了，还能涨回来的。"

"他说涨就涨，你当他是谁？"老战友放下保温杯，还是那副不愠不火的样子。

"那……也不能说卖就卖啊？至少要选个好时候。"老张有些没底气地道，"不是说有什么反弹吗？"

"老张啊，你现在的状态，就好像是掉下悬崖的人抓住了一棵歪脖子树。"老战友开了口，语重心长道："死抓着不放手，你也爬不回悬崖顶上去，反而把自己累得没力气，只能越来越虚弱，马上放手，保住元气，还有一线生机。"

"可是，真心疼啊！"

"心疼就对了，你现在要干的就叫'割肉'！"

"上次我看到营业部里有人听见割就急眼，还觉得是笑话。"老张摸了摸鼻子，自嘲道："现在，谁要是叫我声大哥，我感觉我能削死他！"

老战友往沙发上一靠，一张老脸上满是自得的笑容："当初我也是这样，如今我不做'大哥（割）'可是好多年了！"

老张看老战友终于要进入主题了，不由得精神一振，殷勤道："老战友，你喝茶，喝茶。"

似笑非笑地瞥了眼猴急的老张，老战友又竖起了三根手指："炒股的时候卖出股票有三种原因，一种是发现股价走势与预期的结果不符，在承受小额亏损后主动卖出，叫作止损。比如这次股价下跌，大盘跌到 6700 的时候我就全都止损了。"

老张一听，急得抓耳挠腮："那咋止损的？"

老战友没回答，反而是曲起了第二根手指："第二种是发现风险加大，为了保住利益卖出，叫作止盈。还有一种就是亏损到绝望，无奈卖出，叫作割肉。"

　　说实话，老张心里其实还是舍不得卖的，总觉得一旦卖了，自己的那些钱就真的回不来了，便接口道："那要是不肯割肉呢？"

　　"亏了之后不肯割肉的，就叫作套牢。"似乎是看穿了老张的想法，老战友语重心长地道："当初我学炒股的时候，有个人对我说过'股市有的是机会，但是钱是有限的。你把钱死套着，就是放弃了所有的机会'，从那以后，我才学会了止损。"

　　明天市场依然存在。

——华尔街谚语

　　因为股票虽然有很多的变化，本质上就是跌多了涨，涨多了跌，永远逃不出这个规律，其他的规律可能还会有间歇性，但这个规律是永远存在于股市中的。

　　如果能够预知三日的行情，就可以富可敌国。

　　股市里的规律看似简单，但却难以掌握，因为股市里的一切都是概率，从来没有百分之百的预测。所以无论何时，无论何地，防范风险都是非常重要的。

　　当你入市的时候买入点和止损点要同时确定。

股市里的两种操盘手法

　　"先别忙着问止损的事情，"老战友点起了一根烟，"在炒股之前你首先要确定自己的操作风格。"

　　"操作风格？"听到新名词的老张一头雾水。

　　"简单来说，就是做什么样的股票。"老战友拉过茶几上的烟灰缸，磕了磕烟灰。

　　"当然是做能赚钱的股票了。"老张表示别整那些弯弯绕绕，俺们都是实在人，只想赚钱。

看着一脸状况外的老张，老战友有点无奈，只好进一步解释道："股市里有两种操作风格，一种是'牛式'，一种是'虎式'。牛是吃草的，面对一片草地不贪心，一口一口地吃。方法千千万，只用自己喜欢的那一种或者几种。吃草的好处是头上长角，变成牛人。"

"牛好啊，牛好，牛了就能赚啊！"老张双手一合，"那虎式是啥？"

"虎是吃肉的，一片草地一口不吃，只吃肉，小反弹，小上涨统统不操作，只看大趋势，赚大钱。"

"这个更好，我就喜欢赚大钱，我要做这个老虎式的股票。"

"你可想好了，确定'虎式'的操作风格，那些小幅上涨可绝对不许参与。"老战友警告道。

"不能两个都做吗？小的也赚，大的也赚。"老张有点异想天开了。

"又吃肉又吃草的，那是猪。你要是这么乱来，保证你亏得更惨！"老战友气得吹胡子瞪眼。

看着须发皆张的老战友，老张果断怂了："选一个就选一个，我要选老虎的那个。"

"操作风格的形成也不是一朝一夕的。"

"没关系，我不差时间。"老张把干瘦的胸脯拍得啪啪响。

"那你就跟我慢慢学。"老战友拉住老张猛拍自己的右手，免得这家伙把自己拍出内伤。

"好说，好说。"老张点头如捣蒜，忽然问道："那你估计我什么时候能把亏的钱赚回来？"

"等下轮牛市吧！"

"那不是要等好几年？"

"你不是不差时间吗？"

股市中的三大支柱是：方法、资金和心态。

如果你赔钱了，不是行情没给你机会，也不是你运气不好，而是你的资金管理有问题；

如果你根本没赚过钱，那是因为方法不对；

如果你以前赚过钱，现在亏没了，那就是因为心态出了问题。

选择适合自己的理念，不断建立和完善自己的炒股系统，投资之路才会越来越平坦。

尾声

傍晚时分，在门口送别老战友之后，老张一回头，就看到小区门口站着那个今天见到的在证券事业部发癫闹事的后生，正衣衫不整、垂头丧气地与一个行色匆匆胳膊夹着一本《股票分析学》的大学生擦肩而过。

老张咂咂嘴，忽然想起老战友下午跟自己说过的一句话，虽然不懂是什么意思，但是好像挺应景。

"华尔街永远有明天。"

股市里说故事，故事外话股市

人有东西，佛无南北。每个人都有自己的特点，但这世间的道理却是一样的，每个人都要在发挥自己特点的同时遵守这世间的道理——不同的人遵守同样的道理，故云："人有东西，佛无南北。"

股市也是一样，每一个投资者都不一样，性格不一样，掌握的知识不一样，选择的投资思路和方向都不一样，但都在同一个股市中，得遵循同一种规律。

在股市里，做短线有赚钱的，做长线也有赚钱的，研究基本面有赚钱的，研究技术面也有赚钱的。同样的股市，不同的人，不同的道路。每一条路上都有许许多多的成功者和更多的失败者。

成功与失败不是取决于你选择了什么样的路，而是你秉承什么样的理念上路。

一个人的理念取决于他的理想，你的理想是升官发财，你做事的理念就是为了升官发财不择手段；你的理想是造福世人，你做事的理念就是以天下人为先。

在股市中是赚钱还是亏钱，理念是根本区别。

亏钱的人一般是经验思维，而赚钱的人一般是概率思维。必须要认识到股市里的一切规律都是有概率的，如果你因为成功率是 99.9999%，就忽略了失败的概率，那么终有一日你必将因这 0.00001% 的概率赔掉底裤！

☆如果猩猩会读书

文字，实在是人类历史上最伟大的发明。

文字产生了书籍，书籍使传承变得更有效率；传承产生了智慧，智慧使人类统治了地球。就像高尔基所说："书籍是人类进步的阶梯。"书籍是知识得以传承的基石，是人类文明发展和延续的载体。

人类一直以万物之灵自居，一直是自然界最具智慧的种族，但你是否思考过这样一个问题：人类的智慧来自哪里？

在探究这个问题之前，我们不妨先来看下面一组事实：

1. 黑猩猩会制作和使用简单的工具。

2. 鹦鹉对图形的记忆力非常出众，甚至能做数学题。

3. 章鱼特别善于模仿，并且能够通过思考来解决复杂的问题。

4. 大象有家族和自我的概念，并且记忆力很好。

5. 海豚除了有自我认知和死亡的概念，还有强烈的同情心和好奇心——恐怕这也是许多人被他们拯救的原因。

6. 逆戟鲸有复杂的逻辑思维和丰富的情感，甚至会表现出鲜明的"个性"。

尽管很聪明，也仅是动物的智慧。这些"不学无术"的家伙们的智慧只能达到这样的程度。

那么，人如果不读书呢？

鲁德雅德·吉卜林曾写过一本叫作《丛林奇谈》的书（或者有些人看过由这本书改编的迪士尼动画《丛林王子》），书中讲述了一个由野兽抚养长大的男孩莫格利的故事。故事本身或许玄奇梦幻，素材却是取自现实。

来自网络上的数据显示：截止到 20 世纪 50 年代末，科学上已知有 30 例孩童在野外长大的案例。这些案例中大部分孩童是由野兽抚养长大的，其中最著名的就是印度"狼孩"。

但这些孩子无一例外像野兽多过像人，并且其智商大多只有 3 到 4 岁的程度。除非这些在不同时期、不同地区发生的案例中的"莫格利"都非常巧合地在先天上有缺陷（当然，提出这种可能仅是出于对概率学的尊重）。那么我们可以证明：把人类孩童放到野兽的环境中，他也只会成为野兽而不是人，甚至不会体现智商上的优越性。

人之所以成为人，并非天生高贵或者智商超群，而是因为知识和经验的传承，而传承的最主要方式就是学习，学习的最主要方式就是阅读。几乎所有的知识、经验、智慧和技能都可以通过阅读来获得。

所以智慧来自阅读。

我们有理由相信，如果黑猩猩能够学会阅读的话，它们将有可能进化为真正的智慧生物。

☆别让阅读如此难熬

当我们在生活中遭受挫折而有感于自己能力的不足时，当我们不安于现状而渴望获得更多时，学习往往就是摆脱困境或者谋求进步的最佳方式。

我们翻开一本书，往往是因为意识到自己需要掌握这些知识，或者意识到书中的这些知识的价值。

理智告诉我们需要汲取这些知识，但当我们硬着头皮翻开书时，那些密密麻麻的蝇头小楷只会让我们感到厌烦，犹如催眠的歌声一般放大我们的疲倦和困意。实际上，就在不久之前，笔者的一个朋友还对我说我推荐给他的床头读物治愈了他的失眠症。

笔者由衷地为他可以睡个好觉而感到高兴，同时也为这位朋友的阅读习惯感到惋惜——在笔者看来，他根本不懂该如何读书。

☆一本书的正确打开方式

为何阅读对我们来说如此难熬？

原因有很多，但最重要的一点是兴趣，在做大多数事情的时候，疲惫与困倦都产生于厌烦。很多时候我们并不是真的累了，而是无聊和厌烦让我们感觉到疲惫，人在做他感兴趣的事情的时候从来不会疲惫。

阅读也是如此，对于一本书来说，如果你并非真的喜爱其中的内容或者需要其中的知识，就不要翻开它，除非你也想靠它治愈失眠症。

很多时候选择一本你真正感兴趣的书才是成功阅读的第一步，强行阅读一本自己不喜欢的书无疑是一种自我折磨。

另外，当你觉得阅读让你感到疲惫或者不快时不妨换个时间，换个方式来试试。

如何保持你对一本书的兴趣？

关键在于心态，如果你想达到较好的阅读效果，就千万不要强迫自己读书。在读书时，找一个让自己舒服的心态远比找一个让自己舒服的姿势更能提高效果。

良好的读书心态能够让我们

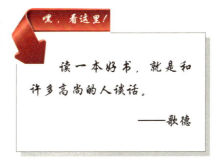

嘿，看这里！

读一本好书，就是和许多高尚的人谈话。

——歌德

后 记

阅读是一种智慧

长时间地保持对阅读的热情，反之，不好的心态只会让我们在阅读时心情越来越糟糕。

一本好书既像朋友又像老师，我们不应该为了读书而去读书，最好是抱着自我提升的心态，慢慢地去阅读，要让读书成为一种享受。

在阅读时还需要注意的一点就是最好要有明确的阅读目的（当然，小说、杂志这一类文学作品不在此列）。《庄子·养生主》中有这样一段话："吾生也有涯，而知也无涯。以有涯随无涯，殆已！"说的就是人生短暂，而知识是无穷无尽的，如果不能明确自己的目的，汲取对自己有用的知识，而眉毛胡子一把抓的话，最终只能"殆矣"。

所以用有限的时间去尽可能获取对自己最有用的知识，才是阅读最重要的意义，也是最难把握的一点。

《三国演义》中水镜先生司马徽向刘备推荐诸葛亮的时候有这样一段话："孔明与博陵崔州平、颍川石广元、汝南孟公威与徐元直四人为密友。此四人务于精纯，惟孔明独观其大略。尝抱膝长吟，而指四人曰'公等仕进可至刺史、郡守'，众问孔明之志若何，孔明但笑而不答。每常自比管仲、乐毅，其才不可量也。"

诸葛亮以智名闻天下，天赋并不一定比它的几位好友要高，但为何最终成为"功盖三分国，名成八阵图"的诸葛武侯？原因就在于读书之法，他的几位好友是"务于精纯"，唯独诸葛亮是"观其大略"，这就是读书目的的不同。

务于精纯是为学之道，观其大略是为实之道，一个强调深度，一个强调广度，对于大多数人来说，两者间并没有本质上的优劣之分。从股市学习的角度讲，依前者读书可为专才，依后者读书可为通才。如果你想成为某一方面的专家学者，就"务于精纯"通于一道，达于一道，能人所不能，但在处理实际问题的能力方面难免有所欠缺。

而如果想要成为实践派大师，就需要知识面足够宽广，在读书时就要注重对知识的全面性掌握和知识领域的开拓。只有拥有渊博的知识，才能对股市中的各种现象及成因了如指掌，面对股市中的变化才能够波澜不惊、从容应对。

这就是阅读目的的重要性。笔者的建议是：如果你真的需要某一方面的知识的话，最好培养自己在这方面的兴趣和爱好，就像孔子说的："知之者不如好之者，好之者不如乐之者。"兴趣永远是阅读的最佳动力。

对于阅读，最后还要提及的一点就是阅读习惯，阅读时的习惯对一个人的影响是巨大的，养成好的阅读习惯将有助于提高阅读的效率。因为每个人都是独一无二的，所以不能武断地认为什么样的习惯是好的阅读习惯，因为同样的习惯，在一些人身上会起到正面的效果，而在另一些人身上则会完全呈现负面效果。

但发现并培养对自己有利的读书习惯是增加阅读趣味性、提高阅读效率的好方法。

下面笔者列举一些适用面较广的阅读习惯，希望能够对各位读者有所帮助。

1.书籍不要完全堆在书架上，那样它们只会起到装饰作用（当上面落满灰尘时甚至连装饰作用都不会有），把你正在读、经常读或者喜欢读的书放在你的身边，比如床头柜、沙发、茶几、车里甚至随身携带，这样当电视剧中插播广告或者堵车时你就可以拿出书来读一读。

很多好书是值得随身携带的，晋朝有一本记录用常见草药或方法处理急性病症的医书，因为作者认为很值得随身携带，就给

后记

阅读是一种智慧

它命名为《肘后备急方》。因为古代的衣服都是宽袍大袖，装东西都是装在袖子里面肘后的位置，如果是在今天写成估计会被叫作《兜里必备急救指南》。

2.找到适合自己的读书方法，比如流传较广的"三遍读书法""兴趣阅读法"等，也可以借鉴名人的经验，比如鲁迅先生的"跳读"法；舒庆春先生（老舍）的"印象"法；著名数学家华罗庚的"厚薄"法；散文家余秋雨的"畏友"读书法等。当然，别人走过的路可以借鉴，但最适合自己的读书方法还需要每个读者自己去探索。

3.养成做读书笔记的习惯，或者读完一本书后随手写下心得，这样以后可以只通过寥寥数语的笔记就想起书中的知识，也方便以后"温故而知新"，回忆起初次阅读时的感受也许会有新的体悟。

就像毛主席的老师徐特立先生说的那样："不动笔墨不读书。"

阅读是掌握前人智慧和经验的最好方法，也是谋求自身进步和发展的最好方法，每个人都需要阅读，为什么要让阅读成为一种煎熬呢？

笔者希望这本书能够给大家带来知识的同时带给大家愉快的阅读体验。

如果您对本书中的内容有任何疑问或者建议，可以扫描下面的二维码添加"模型理论"公众号，与我们进行沟通。

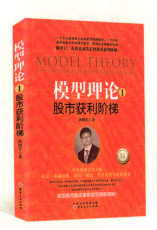

微信扫码订购

《模型理论1——股市获利阶梯》

一个可以精确到点位的股市预测模型，一个经历数年指数考验的神奇数字，数形结合精髓的体现。

如果告诉你有这样一个公式，它能精准地预测股价的顶底数值，无论是月线还是年线，全都适用，并且准确性极高，很多时候预测的结果与实际数值甚至相差不到一个点，你是否会觉得不可思议？是否对此既不敢相信又期待万分？

微信扫码订购

《模型理论2——时空对数法则》

前所未有的时空规律，独辟蹊径的接盘角度，让您收获意想不到的股市利润。

模型理论之二，重点讲了时空的三大要素、数与形的关系、时空选股方法，还揭开了一个隐藏的秘密，包括那些在股市中收获了巨额财富的股市神话们都未曾挖掘过的宝藏。

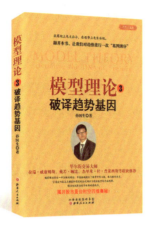

微信扫码订购

《模型理论3——破译趋势基因》

在周期上先大后小，在趋势上先长后短。

本书重点介绍了股市中周期循环的规律，以及如何使用这些规律来对股价未来的走势做出预测。一旦您掌握了这些周期律的奥秘，预测股市对您来说将不再是难题，股市获利就变得轻而易举。

微信扫码订购

《模型理论4——固定模型体系》

经典投资理念与稳固体系模型密切结合，并将对市场的"敏感"植入模型，发挥巨大融合效应，极大改善了固定模型适应性差的弊端。

这些模型融合了不同的理念，各有不同的优势，适应不同的情况。根据自己的情况在其中加入更多适合自己的元素，发展出一套适配自己的体系，就可以轻松获利。

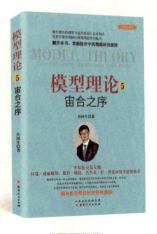

微信扫码订购

《模型理论5——宙合之序》

本书为大家重点介绍股市中周期循环的规律，以及如何使用这些规律来对股价未来的走势做出预测。本书将为你展现预测的魅力，揭开它所隐藏的一切奥秘，如果你真的学懂了书中的知识，那么，预测对你来说将不再是难题。

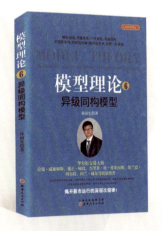

微信扫码订购

《模型理论6——异级同构模型》

这书主题是"异级同构模型"，以一种前所未有的层次化模型，通过一种全新的角度来看股市，从最细微的分形里发现走势变化的奥秘，从最宏观的走势中把握股市涨跌的规律，试图帮助投资者在激烈的股票市场博弈中找到一片蓝海。

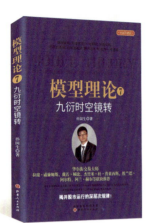

微信扫码订购

《模型理论7——九衍时空镜转》

本书主题是"九衍时空镜转"，以"宏观分形"的全新理论来看股市，从"分式镜转模型"和"衍式镜转模型"两种方向讲解，从多个角度把握股市走向的规律，准确预测未来点位不再遥不可及。

微信扫码订购

《模型理论8——象数理形态模型》

中国传统哲学讲究象数理，大道至简，象是用眼睛能看到的，数则是事物的抽象表现，而理是事物之间的逻辑关系，所以象是可见的形，数是抽象的形，而理是形的内在逻辑，因形而有数，因数而有理，一切起于形而终于理。

根据上述原理，本书将传统哲学象数理在市场中的形态全部推演了出来，应用于证券交易市场，揭示市场行情波动的本质。